군사법의 이해

군사법의 이해

초판 1쇄 인쇄 2011년 05월 25일
초판 1쇄 발행 2011년 05월 31일

지은이 | 김호·강은애
펴낸이 | 손형국
펴낸곳 | (주)에세이퍼블리싱
출판등록 | 2004. 12. 1(제315-2008-022호)
주소 | 서울특별시 강서구 방화3동 316-3번지 한국계량계측협동조합회관 102호
홈페이지 | www.book.co.kr
전화번호 | (02)3159-9638~40
팩스 | (02)3159-9637

ISBN 978-89-6023-611-0 03360

군사법의 이해

김호 · 강은애 공저

ESSAY

머 리 말

대한민국 군사법기관으로서 헌병은 그동안 군의 전투력 보전과 유지의 임무를 수행하기 위해 각종 군 관련 사건 및 사고에 대한 신속한 대응을 통하여 군과 국가에 기여해왔다. 그러나 이러한 지속적인 헌신과 노력에도 불구하고 군사정권 시절의 기억으로 인해 국민들에게는 군사법체계에 관한 불신이 존재해왔다. 이러한 오해와 불신을 불식시키고자 하는 입장에서 저자들은 그동안 주로 다루어져왔던 군사법의 이슈들을 제시하고 이에 대한 진실을 다루고자 한다.

2011. 6. 1.

김 호, 강은애

차 례

- 2011년 5월 1주차 週刊朝鮮 특집기사 拔萃

1

군사법원법 상 직무상 상관은 누구인가?

　　현재 군사법원법 제45조[1]의 군사법경찰관의 직무상 상관은 누구인가에 관한 해석을 놓고 여러 가지 견해가 존재하고 있다. 일부는 직무상 상관을 소속 부대의 장이라고도 하고 혹은 범죄수사에 관하여 군검찰관이라고도 한다. 사실 이러한 논쟁은 군사법원법의 역사적 연원을 이해한다면 쉽게 답을 찾을 수 있는 사항이다. 과거 1962년 군법회의법을 제정[2]할 때, 군법회의법(1962년) 제37조에서는 군검찰관의 경우에 범죄수사에 관한 권한 자체가 없었다. 당시 법률상 군검찰관은 단지 공소제기와 그 유지에 불과하였던 것이다. 그리고 당시 동법 제45조에는 지금의 군사법원법 제45조와 마찬가지로 군사법경찰관의 직무상 상관에 대한 복종이라는

---

1) 군사법원법 제45조(군사법경찰관과 상관의 명령) 군사법경찰관은 범죄수사에 관하여 직무상 상관의 명령에 복종하여야 한다.
2) 국회 『법률정보검색』,군법회의법 「1962년」 참조.

규정이 존재하고 있었다.

이는 곧 군사법경찰관의 직무상 상관이 본래 군검찰관이 아니라 해당 소속 부대장을 염두에 두고 제정한 규정이라고 할 수 있는 것이다. 그리고 사실 이 조문을 둔 이유는 군법회의법 제정 이전 보안대 소속 요원과 헌병의 소속이 지금과 달리 각각 보안사령부 및 헌병사령부였고 이들에 대한 실질적인 수사업무 및 첩보수집 등의 지시권한이 각각 보안사령부 및 헌병사령부에 있어서 소속 부대장의 통제에 불응하는 일이 허다하고 이들이 소속 부대에 지원을 하기보다는 직권의 남용이 심각한 실정이었다. 바로 이러한 폐단을 줄이기 위해 군법회의법 제45조에 보안대와 헌병은 소속된 해당 부대의 장의 지원참모로서 보안대와 헌병의 각각의 직무에 관해서 해당 부대의 장의 명령에 복종하도록 법에 명문화하여 이들의 권력남용을 통제하도록 했다고 할 수 있다.

그런데 이후 법을 개정해오던 중에 군검찰관의 직무 중 범죄수사업무가 추가되었고, 오늘날에 와서 군사법원법으로 바뀌면서 일부 인원이 형사소송법과 군사법원법을 혼동하는 일이 잦아 군사법원법 제45조의 해석에 있어서 마치 형사소송법 제196조[3] 및 검찰청법 제53조[4]과 같이 검찰의 경찰

---

3) 형사소송법 제196조(사법경찰관리)①수사관, 경무관, 총경, 경감, 경위는 사법경찰관으로서 검사의 지휘를 받아 수사를 하여야 한다.
4) 검찰청법 제53조(사법경찰관리의 의무)사법경찰관리는 범죄수사와 관련

에 대한 지휘관계를 명문화한 것으로 착각하여 군사법원법 제45조의 직무상 상관을 군검찰관이라고 오해하는 경우가 있는데 이는 명령체계를 혼동한 해석이므로 주의해야 할 것이다.

하여 소관 검사가 직무상 내린 명령에 복종하여야 한다.

2

군사법원법 제45조 규정의 수정 필요성

　　이미 앞의 주제에서 언급한 바 있듯이 현행 군사법원법 제45조[5]에서 직무상 상관이 형사소송법 상 경찰관의 검사에 대한 복종관계인지 아니면, 군부대장의 명령에 복종해야 하는 것인지 명시가 되어있지 않아서 많은 문제의 소지가 있는 것이 사실이다. 이러한 잠재적인 문제는 자칫 실무상 명령체계의 혼선의 위험과 피의자의 권리보호 차원 및 군사법의 운용상 수사의 방향을 바로잡는 데에도 걸림돌이 될 수 있다. 한 때, 군검찰 측 입장에서는 군사법원법의 특성을 일반 형사소송법과 동일하다고 오판하여 일반검사와 경찰의 직무상 지휘복종 관계라고 주장하기도 하였으나, 다행히 사법개혁위원회의 전반적인 고찰 및 군사법 파동 이후 꾸준한 연구로 미군의 군법체계를 수용한 우리의 군사법체

---

5) 군사법원법 제45조(군사법경찰관과 상관의 명령) 군사법경찰관은 범죄 수사에 관하여 직무상 상관의 명령에 복종하여야 한다.

계의 특성이 밝혀지면서 이러한 주장은 유명무실하게 되었다. 지금은 법무교육기관에서는 다음과 같이 위 사항에 관해 교육한다. 즉, 실무상 군사법원법 〈수사〉 부분 중 세부적인 분야인 변사체검시, 영장청구 및 수사종결, 구속장소 감찰 등과 같이 일부분에 한하여 직무상 지휘를 할 수 있다고 보고 있는 것이다. 물론 이것이 현재의 실무상 체계이기는 하지만 군사법의 특성을 고려한다면 다시 한 번 심사숙고할 필요가 있다. 우선 군사법원법 제45조에서 상관의 의미에 관하여 군형법 제2조[6]의 내용을 보면, 군사법경찰관에 대한 상관을 해당 부대의 명령권을 가진 부대의 장(ex)사단장, 군단장 등)으로 명시하고 있다고 할 수 있다. 그리고 군사법원법 제37조와 제40조에서는[7] 해당 군검찰관 역시 해당 부대장의 참모로서 부대장의 명령을 받는 것으로 명문화 되어 있다. 더구나 형사소송법과 다르게 군사법원법은 제228조[8]에서 수사에 있어서 군검찰관과 군사법경찰관

---

6) 군형법 제2조(용어의 정의) 이 법에서 사용하는 용어의 뜻은 다음과 같다. "상관"이란 명령복종 관계에서 명령권을 가진 사람을 말한다. 명령복종 관계가 없는 경우의 상위 계급자와 상위 서열자는 상관에 준한다.

7) 군사법원법 제37조(검찰관의 직무) 검찰관은 해당 군검찰부가 설치되어 있는 부대의 장에게 소속되며 그 직무는 다음 각 호와 같다.
군사법원법 제40조(군검찰부가 설치되어 있는 부대의 장의 검찰사무 지휘 감독) 군검찰부가 설치되어 있는 부대의 장은 소관 군검찰사무를 관장하고 소속 검찰관을 지휘 감독한다.

8) 군사법원법 제228조(검찰관, 군사법경찰관의 수사) ① 검찰관과 군사법

은 각각 수사개시 및 진행에 관한 독자적 권한을 가지고 있음을 천명하고 있으므로, 독립적이고 협력적인 관계로서 해당 부대장의 명령을 받음을 알 수 있다.

또한 군사법원법상 군검찰관의 구속영장 청구[9])에 관해 부대장외 승인을 받도록 규정되어 대부분의 야전부대에서는 부대장이 실질적인 지휘권을 행사하고, 수사과정에서 부대장에게 보고하도록 규정[10])되어 있어서 사건 수사에 있어서 실제 부대의 최종 관리자이며, 결정권자인 부대장의 권한을 존중하도록 하고 있고, 수사종결 후에는 군사법경찰관에게 결과를 통지하도록 규정[11])되어 군사법경찰관의 수사를 존중하고, 수사결과를 알게 함으로써 수사체계 상 상호 견제할 수 있도록 하고 있다. 즉, 직무상 상관을 뜻하는 대상은 소속 부대장이라고 할 수 있는 것이다. 또한 해당 분야의 하위 법령 및 규칙에서도 직무상 상관의 정확한 의미를 추정

경찰관은 범죄 혐의가 있다고 생각될 때에는 범인, 범죄사실 및 증거를 수사하여야 한다.

9) 군사법원법 제238조(구속)③ 검찰관은 구속영장을 청구할 때 해당 군검찰부가 설치되어 있는 부대의 장의 승인을 받아야 한다.

10) 군사법원법 제284조(검찰관의 사건보고) 검찰관은 수사를 하였거나 제283조에 따라 사건의 송치를 받았을 때에는 의견을 붙여 해당 군검찰부가 설치되어 있는 부대의 장에게 사건의 내용을 보고하여야 한다.

11) 군사법원법 제287조(사건처리 결과의 통지) 검찰관은 군사법경찰관으로부터 송치 받은 사건의 처리 결과를 해당 군사법경찰관에게 통지하여야 한다.

할 수 있게 되는데, 군사법원법은 하위 시행령 및 시행규칙이 없어 그보다 하위인 육군규정[12]을 살펴보면 수사관이 내사, 입건, 수사 시에는 관할 헌병대장에게 보고 및 승인을 득하도록 규정된 점과 헌병대장은 사건수사에 관해 실질적으로 소속 부대장의 통제를 받게 된다는 점을 감안한다면 누가 직무상 상관인가는 자명하다고 할 수 있다.

물론, 군수사절차의 공정성을 확보하기 위해서 수사기관의 독립성이 필요하다는 주장도 일리는 있다. 그러나 군의 근본적인 존재 목적은 전투력 보존과 유지를 통해 최상의 전투력을 발휘하는 것이며 지휘체계는 군의 생명과도 같다는 점을 고려할 때 지휘체계를 지탱하는 군사법기관을 무조건적인 독립기관으로 분리한다는 것은 문제가 있다.

더구나 일반 검찰 및 경찰과 같은 관계를 주장하는 군검찰의 입장은 외부기관인 검찰의 기소 및 수사 독점권한으로 인한 수사체계의 부패와 비리가 심각한 사회문제로 불거지고 있는 현실을 감안할 때 그 근거가 타당하다고 할 수 없다.

오히려 각 군수사기관을 독자적으로 분리하여 상호견제하도록 하는 것이 공정성을 유지하는 길이라고 할 수 있다. 따라서 정히 수사의 공정성을 추구하고자 한다면 군사법원법 제45조의 군사법경찰관의 범위를 수사실무자인 수사관으

---

12) 육군규정 145(범죄수사활동규정)참조.

로 규정하고 직무상 상관을 헌병의 경우는 헌병대장으로 기무부대는 기무부대장으로, 군검찰은 군검찰관으로 규정함이 타당할 것이다. 그러나 이것은 어디까지나 군의 특성을 무시한 주장일 뿐이므로 수용하기 어렵다고 하겠다. 오히려 위의 문제점 부분에서 언급하였다시피 군수사기관이 오히려 부대장의 적절한 통제를 받아 수사를 함으로써 군 전투력 유지, 발휘라는 목적을 달성할 수 있다고 하겠다.

3

군법무관의 지위

　그동안 군법무관은 군인인가 아니면 법관인가라는 군법무관들의 지위에 관한 수많은 논란이 있어왔던 바, 명확한 구분 기준이 없어 문제가 되어왔으나 최근 헌법재판소 결정 중 2008년 결정문[13]에서 군법무관의 지위를 명확히 한 바가 있어 이를 제시하고자 한다. 우선 결정요지는 다음과 같다.

　【결정요지】 1. 군법무관의 봉급과 그 밖의 보수에 관하여 법관 및 검사(이하 '법관 등'이라 한다)의 '예에 준하여' 정하도록 시행령에 위임하고 있는 '군법무관임용 등에 관한 법률'(이하 '군법무관임용법'이라 한다) 제6조의 취지는 보수에 관하여 군법무관과 법관 등을 동일하게 취급할 것을 명한 것이 아니라 법관 등의 직무와 품위에 상응하도록 법관

---

13) 헌재 2008.05.29. 2006헌마170

등의 보수를 일반공무원에 비하여 우대하는 예에 준하여 군법무관의 보수 역시 그들의 직무와 품위에 상응하도록 일반공무원에 비하여 우대함으로써 법관 등의 보수와 엇비슷한 수준에 이르게 하는 내용으로 된 시행령의 입법을 요구하는 것으로 봄이 상당하고, 행정부는 군법무관에 대한 보수를 시행령으로 정함에 있어 군법무관을 일반공무원에 비하여 우대함으로써 법관 등의 보수와 엇비슷한 수준으로 하는 한도 내에서는 군법무관의 업무의 성격, 군 조직의 특성 및 다른 군인들과의 형평성 등을 두루 참작하여 구체적인 보수액은 물론 이를 봉급과 수당에 어떻게 배분할 것인지를 적절하게 정할 수 있는 재량권을 가진다.〉고 하여, 군법무관의 지위가 법관과 검사와 동급이 아님을 천명하고 있고, 다음으로 〈3. 국토방위 및 전투의 목적으로 조직된 군대의 기강확립을 주된 사명의 하나로 하는 군법무관과 국민의 권리보장 및 국가의 법질서 유지를 주된 업무로 하는 법관 등은 직무의 곤란성과 책임의 정도에 따라 정해지는 직급이 동일하다고 볼 수 없으므로, 군법무관의 직급보조비를 법관 등과 달리 군인으로서의 계급에 따라 정하는 것이 청구인들의 재산권을 침해한다고 할 수 없다.〉라고 하여, 군법무관은 법관이나 검사가 아닌 군인으로서의 복무를 수행한다고 명시하여 주된 사명을 국토방위 및 군 기강확립지원으로 한

정하고 있다. 이와 같이, 군법무관은 군 조직의 일원인 군인으로서의 지위를 가지며 그 역할 역시 법관이나 검사 또는 변호사가 아닌 군 전투력 유지, 발휘를 위한 참모로서의 기능이 주된 것이라 할 것이라는 점을 명심해야 할 것이다.

4

군법무관의 명령 복종 의무

군법무관이란 군내에서 군사법의 근간으로서의 역할과 책임을 다하는 것을 그 사명으로 한다. 그러나 이러한 사명은 때로는 군조직의 특성상 지휘체계를 문란하게 할 수 있다는 우려를 자아내기도 한다. 이러한 애매모호한 입장에서 과연 군법무관으로서 어디에 기준을 두고 임무를 수행해야 하는 가에 관하여 최근 판결문을 통해서 엿볼 수 있는 사례가 있었던 바, 이를 제시하고자 한다. 서울행정법원 행정3부에서는 지난 2010년 4월 23일 판결[14]에서 군법무관 지모 씨, 박모 씨 등 6명이 육군참모총장과 국방부장관 등을 상대로 낸 불온서적에 관한 헌법소원을 이유로 한 파면처분 등 취소 소송에서 "상관의 지시나 명령이 기본권의 제약을 내용으로 하는 경우에도 특별한 사정이 없는 한 이를 함부로

---

14) 2009구합14781. 참조.

거부할 수 없다"고 판단했다. 아울러 "기본권을 침해했다는 이유로 헌법소원을 제기한다면 그 자체로 군 내부의 특수한 권력관계 유지를 위한 지휘관의 정당한 지휘권 행사에 지장을 초래할 수 있다"고 밝힌 후 이어서 "군인은 비인간적 최악의 상황에서 최대 전투력을 보존·발휘할 필요가 있고, 이를 위해서는 강력한 지휘 및 통솔체제 유지는 필수적"이라며 "군법무관도 이러한 특수집단의 구성요소"라고 밝혔다. 특히 재판부는 법무관들의 소송 절차와 태도를 문제 삼았다. 재판부는 "군에 유익한 의견이 있을 때는 지휘계통에 따라 상관에 건의를 할 수도 있고, 잘못된 것을 시정하려고 할 경우에도 적절한 내부절차를 거쳤어야 한다"고 지적했다. 이와 같은 법원의 판결은 군법무관의 지위는 특수한 무엇이 아니라, 군의 구성원으로서 명령과 군기에 의해 통제되는 군인이라는 점을 분명히 한 것으로 해석되고 이에 따라 군법무관은 다른 군인과 마찬가지로 항상 상관의 명령을 최우선으로 놓고 행동거지를 판단해야한다는 점을 명심해야 할 것이다.

5

법원 · 검찰 VS 군사법원 · 군검찰

군사법원이나 군검찰 모두 국방부 산하의 조직으로 사법부 및 정부 소속인 법원 및 검찰과는 업무범위나 존재목적, 요구지식수준의 차이가 상당하다는 점에 대해서는 누구나가 주지하고 있는 사실이다. 본 글에서는 이러한 차이점을 인정한 대법원 판결 중 일반법원 및 검찰 직원들의 지식 및 경력수준을 인정하여 법무사자격수여를 하는 반면 군사법원 및 군검찰 조직원에 대해서는 이를 부정함으로써 명백히 일반법원 및 검찰과 군사법원 및 군검찰과의 차이에 대한 대법원의 인식수준을 알 수 있는 내용이 있어 이를 소개하고자 한다. 판시사항15)은 다음과 같다.

【판시사항】 법무사자격취득요건에 관하여 규정한 법무사법 제4조 제1항 제1호 소정의 "법원"에 군사법원법 소정의

---

15) 대법원 1992.11.24. 선고 92누8767 판결 【법무사자격인정거부처분취소】

"군사법원"이 포함되는지 여부에 관해 대법원은 이를 부정함.

【판결요지】법무사자격취득요건에 관하여 규정한 법무사법 제4조 제1항 제1호 소정의 "법원"이라 함은 헌법에 의하여 사법권을 행하는 법관으로 구성된 법원조직법소정의 법원을 가리키는 것으로서, 군사재판을 관할하기 위하여 특별법원으로 둔 군사법원법 소정의 "군사법원"은 그 "법원"에 해당되지 아니한다.

【이 유】법무사법 제4조 제1항 제1호는 "7년 이상 법원, 헌법재판소, 검찰청에서 법원주사보나 검찰주사보 이상의 직에 있던 자 또는 5년 이상 법원, 헌법재판소, 검찰청에서 법원사무관이나 검찰사무관(검찰의 수사사무관을 포함한다) 이상의 직에 있던 자로서 법무사업무의 수행에 필요한 법률지식과 능력이 있다고 대법원장이 인정한 자"는 법무사의 자격이 있다고 규정하고 있는바, 여기에서 "법원"이라 함은 헌법에 의하여 사법권을 행하는 법관으로 구성된 법원조직법 소정의 법원을 가리키는 것으로서, 군사재판을 관할하기 위하여 특별법원으로 둔 군사법원법 소정의 "군사법원"은 그 "법원"에 해당되지 않는 것으로 해석된다. 따라서 일정한 기간 이상 군사법원에서 서기 이상의 직에 있었다고 하더라도 위 법규정에 따라서 법무사의 자격을 취득할 수는

없는 것이다.

즉 92년 대법원판결 및 법무사법 제4조 제1항 제1호의 규정은 군사법원 및 군검찰은 명백히 일반 법원 및 검찰과 다른 지위의 조직임을 천명하고 있다. 이러한 입장은 2008 년도 군법무관 불온시적 헌법소원에 대한 국방부의 파면 조치에 대한 항소에 대해 2010년 4월 23일 행정법원의 결정 (군법무관은 군 조직의 일부로서 군인임을 명시)과 맥락을 함께 함을 알 수 있다. 즉, 군사법원 조직원 또는 군검찰 조직원 모두 군인으로서의 복무를 행하고 있는 군인임을 분명히 하고 있음을 알 수 있다.

6

군검찰 · 군사법경찰의 수사관할

  군수사기관으로서 대표적인 군검찰과 군사법경찰의 각각
의 수사한계는 어디까지일까? 이에 대해서는 이미 실무상
정립되어 있음에도, 실제 법규정 상으로는 분명히 짚고 넘
어가야 할 필요가 있어 논하고자 한다.

  먼저 군검찰의 수사한계[16]에 관해서 살펴보도록 하자.

---

16) 군사법원법 제36조 ③ 고등검찰부의 관할은 관하(管下) 각 부대 보통
   검찰부의 관할사건에 대한 항소사건 · 항고사건 및 그 밖에 법률에 따
   라 고등검찰부의 권한에 속하는 사건으로 한다. 다만, 각 군 본부 고
   등검찰부는 필요한 경우 그 권한의 일부를 국방부 고등검찰부에 위탁
   할 수 있다. ④ 보통검찰부의 관할은 대응하는 보통군사법원의 관할
   에 따른다. 다만, 군사법원이 설치되어 있지 아니한 부대에 설치된
   보통검찰부의 관할은 다음 각 호와 같다. 1. 군검찰부가 설치되는 부
   대의 장의 직속부하와 직접 감독을 받는 사람이 피의자(被疑者)인 사
   건 2. 군검찰부가 설치되는 부대의 작전지역 · 관할지역 또는 경비지
   역에 있는 자군부대에 속하는 사람과 그 부대의 장의 감독을 받는
   사람이 피의자인 사건 3. 군검찰부가 설치되는 부대의 작전지역 · 관
   할지역 또는 경비지역에 현존하는 사람과 그 지역에서 죄를 범한
   「군형법」 제1조에 해당하는 사람이 피의자인 사건 ⑤ 국방부 또는
   각 군 본부의 보통검찰부는 제4항에도 불구하고 장관급 장교가 피의

우선 국방부검찰단을 제외한 대부분의 보통검찰부의 경우는 각 보통군사법원의 관할 하에서 수사를 할 수 있다. 그리고 이보다 더 하위에 있는 대부분의 야전부대 군검찰의 경우에는 해당 부대장 예하에 있는 부대 및 부대원의 사건의 경우로 수사범위를 한정하고 있다.

그리고 검찰수사관의 경우는 군검찰관의 통제 하에 있으므로 군검찰부의 수사범위와 함께 한다. 그런데 특이한 점은 규정에서 정하고 있는 점을 제외하고는 법문상으로 군사법경찰의 경우는 이러한 제한이 없다는 점이다. 즉, 군사법원법 제43조[17]는 군사법경찰관의 경우에 범죄에 의한 범위를 제외하고는 장소적인 범위의 제약을 규정하고 있지 않고 있다. 이것은 군조직에서의 사건사고처리의 목적 및 처리의 난이도가 민간사회와 다르기 때문인데, 실상 벌어지는 범죄의 경우에 대부분 단순 군기사고와 교통사고 관련범죄, 군무/무단이탈, 폭행/상해, 항명/모욕, 강요, 군용물에 관한 죄, 성범죄 등으로 한정되어 있고 범죄관련자가 명확하고

자인 사건과 그 밖의 중요 사건을 관할할 수 있다.

17) 군사법원법 제43조(군사법경찰관) 다음 각 호의 어느 하나에 해당하는 사람은 군사법경찰관으로서 범죄를 수사한다. 1. 헌병과(憲兵科)의 장교, 준사관 및 부사관과 법령에 따라 범죄수사업무를 관장하는 부대에 소속된 군무원으로서 범죄수사업무에 종사하는 사람 2. 법령에 따른 기무부대에 소속된 장교, 준사관 및 부사관과 군무원으로서 보안업무에 종사하는 사람 3. 국가정보원 직원으로서 국가정보원장이 군사법경찰관으로 지명하는 사람 4. 검찰수사관

군무/무단이탈을 제외하면 도주의 우려가 거의 없고 이러한 범죄를 입증하는 것이 간단한데다 실제 이러한 범죄를 해결하는 것이 중요하기보다는 군전투력 손실방지 및 군기유지를 위해 최대한 신속히 사건을 마무리하는 것이 주 목적이기 때문에 군사법경찰에 의해 1차 수사가 신속히 전파/처리됨으로써 불의의 사태에 대비하기 위한 전투력을 유지하고 이미 발생한 사건/사고 외에 추가적인 사건/사고가 발생하지 않도록 하기 위해 어느 지역에서든지 군관련 사건/사고 발생 시 가장 최기에서 수사지원업무가 가능한 군사법경찰이 필요하기 때문이다. 이러한 점에서 군검찰과 달리 군사법경찰의 경우는 실제 사건/사고의 1차적 수사주체로서 장소적 제한을 두지 않은 것이라 하겠다.

7

군수사기관간 수사·감시?

　　요즘 검찰의 공정한 수사에 관한 의문이 지속적으로 제기되고 있다. 종국적으로는 검찰기관에 대한 수사기관이 부존재하여 발생하는 문제라고 하겠지만, 이러한 문제는 어느 한 기구에 의해 권한이 독점되는 경우 발생할 수 있는 폐단을 보여주는 중요한 사례라고도 할 수 있다. 이러한 점에서 본다면 우리 군의 수사기관의 경우는 상호감시 및 견제가 가능한 구도로 설정되어 있어 참으로 바람직하다고 할 것이다. 그 이유는 민간의 수사기관으로서 검찰과 경찰의 경우는 검찰만이 독립된 수사주체이고 경찰은 보조기구로 형사소송법에서 규정[18]하고 있어 경찰이 검찰의 범죄행위를 수사하더라도 결국 검찰의 지휘 하에 수사를 하기 때문에 검찰의 손에서 좌지우지 될 수밖에 없어 검찰을 견제하기

---

18) 형사소송법 제196조(사법경찰관리)①수사관, 경무관, 총경, 경감, 경위는 사법경찰관으로서 검사의 지휘를 받아 수사를 하여야 한다.

어렵지만, 군의 경우에는 이와 달리 군사법원법에서 군검찰, 헌병, 기무 등 대표적인 군수사기관이 상호 견제할 수 있도록 하고 있기 때문이다. 우선 군검찰의 경우 군사법원법 제36조(군검찰부) 제4항 각호에 규정된 관할 사건(군사법원 설치 외 보통검찰부)에 대한 범위를 규정19)한다. 그리고 군검찰부조직에 관한 규정에는 다음과 같이 규정20)한다.

다음으로 헌병과 기무의 경우는 군사법원법 제44조21)에

---

19) 군사법원법 제36조(군검찰부) 제4항 1. 군검찰부가 설치되는 부대의 장의 직속부하와 직접 감독을 받는 사람이 피의자(被疑者)인 사건 2. 군검찰부가 설치되는 부대의 작전지역·관할지역 또는 경비지역에 있는 자군부대에 속하는 사람과 그 부대의 장의 감독을 받는 사람이 피의자인 사건 3. 군검찰부가 설치되는 부대의 작전지역·관할지역 또는 경비지역에 현존하는 사람과 그 지역에서 죄를 범한 「군형법」 제1조에 해당하는 사람이 피의자인 사건

20) 군검찰사건사무규칙 제2조의3(중요사건) 군사법원법 제36조제5항의 규정에 의하여 국방부 또는 각 군 본부의 보통검찰부에서 관할할 수 있는 중요사건이라 함은 다음 각 호의 1에 해당하는 사건을 말한다. 1. 장관급장교에 대한 피의사건 2. 형법 제129조 내지 제132조, 제355조 내지 제357조에 규정된 죄를 범한 대령에 대한 피의사건 3. 군판사·검찰관·군사법경찰관·군사법원직원 또는 군검찰부직원에 대한 피의사건 4. 사형·무기 또는 단기 5년 이상의 징역이나 금고에 해당하는 사건 5. 범죄의 성질, 피의자의 지위 기타 사정을 고려하여 국방부장관 또는 각 군 참모총장이 중요하다고 인정하는 사건 6. 제1호 내지 제5호의 사건의 공범 피의사건.

21) 군사법원법 제44조(군사법경찰관의 수사한계) 군사법경찰관은 군사법원 관할사건을 다음 각 호의 구분에 따라 수사한다. 1. 제43조제1호에 규정된 사람(헌병): 제2호 및 제3호에 규정하는 죄 외의 죄 2. 제43조제2호에 규정된 사람(기무): 「형법」 제2편제1장 및 제2장의 죄, 「군형법」 제2편제1장 및 제2장의 죄, 「군형법」 제80조 및 제81조의 죄와 「국가보안법」, 「군사기밀보호법」, 「남북교류협력에 관한 법률」 및 「집회 및 시위에 관한 법률」(「국가보안법」에 규정된

의해 규정되는데 헌병과 기무의 경우는 외부의 경찰과 달리 군사법원법 상 수사의 주체로 규정[22]되어 있는데다 동시에 수사의 범위에 관하여 군인 및 준군인에 해당한다면 인적 (주관적) 한계 또한 없다는 점에서 군검찰관 및 군검찰부 직원의 범죄, 군사법경찰관의 범죄, 장관급 장교(장군)를 포함한 군인 및 군무원의 모든 경우에 수사를 할 수 있다. 바로 이러한 군사법원법의 특징으로 인해서 군검찰과 군사법경찰은 상호 수사 견제를 통한 부패방지가 가능하다고 하겠다. 물론 실무상으로 군법무관에 대한 구속 및 체포 시에는 참모총장 또는 국방부장관의 허가를 득해야하지만, 군조직의 특성상 불구속수사로도 충분히 수사의 목적을 달성할 수 있으므로 상호기관 간 수사의 제한은 존재하지 않는다고 할 것이고 바로 위와 같은 군사법의 특징으로 인해 보다 공정한 수사구조체계가 유지될 수 있다고 할 것이다.

죄를 범한 사람이 「집회 및 시위에 관한 법률」에 규정된 죄를 범한 경우만 해당된다)에 규정된 죄
22) 군사법원법 제228조(검찰관, 군사법경찰관의 수사) ① 검찰관과 군사법경찰관은 범죄 혐의가 있다고 생각될 때에는 범인, 범죄사실 및 증거를 수사하여야 한다.

8

군사법원법상 증거능력 개선?

　군사법원법 제1조의 목적에는 헌법 제110조에 근거하여 특별법원으로서 군사법원을 둠으로써 이를 구체화하기 위한 법을 규정하기 위하여 존재하는 법임을 명시하고 있다. 즉, 헌법상 일반법원 이외에 특별히 군사법원을 인정하는 목적이 바로 군의 임무와 존재목적을 달성하기 위하여 예외적임을 천명하고 있다고 할 수 있다. 이러한 맥락에서 군사법원법 상 현행 규정된 증거에 관한 규정[23]은 이러한 군사법원법의 존재목적을 제대로 반영하고 있지 못한다고 할 수 있다. 실제로 군사법원법 제365조 규정상 검찰관이 작성한 피의자신문조서는 작성명의 여부만 인정되면 그 내용이야 어찌되었든 증거능력을 인정하고 있음에도 군사법경찰관의 피

---

[23] 군사법원법 제365조(검찰관 또는 군사법경찰관의 조서) ③ 검찰관 외의 수사기관이 작성한 피의자신문조서는 적법한 절차와 방식에 따라 작성된 것으로서 공판준비기일 또는 공판기일에 피의자였던 피고인이나 변호인이 그 내용을 인정할 때에만 증거로 할 수 있다.

의자신문조서는 실질적인 내용까지 인정되어야 증거능력을 인정할 수 있는 것이 현실이다. 사실 이것은 군사법원법 자체적으로 보아도 조문 상 의미맥락이 맞지 않는다. 즉, 군사법원법에서는 수사의 주체로서 군검찰관과 군사법경찰관을 각각 독립주체로 인정하고 있다는 점[24]에서 증거능력을 달리 부여하는 것은 올바르지 못하다고 할 수 있다. 이러한 오류는 일반 형사소송법과의 비교를 통해서도 쉽게 알 수 있다. 수사절차상 형사소송법에서는 검사만을 수사의 주체로 인정하고 사법경찰관의 경우는 수사의 보조자로 규정[25]하기 때문에 당연히 증거능력에서도 차이를 두어야 함이 타당하다고 할 수 있다.

그러나 군사법원법 상 군검찰관과 군사법경찰관의 경우는 일반 형사소송법상 검사와 사법경찰관과 같은 지휘관계가 아닌 독립된 수사주체라는 점에서 위와 같은 증거능력의 차이는 타당성이 있다고 볼 수 없는 것이다. 이것은 군사법원법을 개정하는 과정에서 어느 일방의 고의에 의해서든, 군사법원법의 특성과 각 수사기관의 독립성을 망각한 상태에

---

24) 군사법원법 제228조(검찰관, 군사법경찰관의 수사) ① 검찰관과 군사법경찰관은 범죄 혐의가 있다고 생각될 때에는 범인, 범죄사실 및 증거를 수사하여야 한다.

25) 형사소송법 제195조(검사의 수사) 검사는 범죄의 혐의 있다고 사료하는 때에는 범인, 범죄사실과 증거를 수사하여야 한다.
형사소송법 제196조(사법경찰관리) ①수사관, 경무관, 총경, 경감, 경위는 사법경찰관으로서 검사의 지휘를 받아 수사를 하여야 한다.

서 일어난 불상사라고 할 것이다. 실제로 형사소송법과 군사법원법의 해당 조문을 비교[26]해보면 마치 그대로 옮겨 붙여놓은 인상을 지울 수 없다. 참으로 안타까운 현상이 아닐 수 없다. 물론, 혹자는 인권수사의 목적상 과거 군사법경찰관의 불법수사관행을 방지하기 위한 차원에서 위와 같은 증거능력의 차이를 두었다고도 하지만, 이는 이미 군수사기관에서 인권수사가 활발하게 진행되고 있고 과학수사가 자리 잡은 현재의 흐름을 읽지 못하는 발언이라 하겠다. 더구나 현재의 수사과정은 피의자 신분에서 변호인의 조력을 받을 수 있고 불법체포나 감금 시 수시로 감찰을 하도록 규정하고 있으며 수사과정을 녹화할 수 있도록 하여 불법수사를 미연에 방지하고 있어서 이러한 우려는 기우에 불과하다고 할 수 있다. 오히려 군검찰관의 추가 신문으로 인해 해당 군인 또는 군무원의 번거로움이 추가되고 업무에 지장을 초래하며 해당 부대의 임무수행에 차질을 빚게 하고 있다. 그리고 수사의 적법성의 문제는 군사법경찰이 아니라

---

26) 군사법원법 제365조(검찰관 또는 군사법경찰관의 조서) ③ 검찰관 외의 수사기관이 작성한 피의자신문조서는 적법한 절차와 방식에 따라 작성된 것으로서 공판준비기일 또는 공판기일에 피의자였던 피고인이나 변호인이 그 내용을 인정할 때에만 증거로 할 수 있다.
형사소송법 제312조(검사 또는 사법경찰관의 조서 등) ③검사 이외의 수사기관이 작성한 피의자신문조서는 적법한 절차와 방식에 따라 작성된 것으로서 공판준비 또는 공판기일에 그 피의자였던 피고인 또는 변호인이 그 내용을 인정할 때에 한하여 증거로 할 수 있다.

군검찰부에서 발생할 소지가 크다. 예를 들어 사건송치를 받은 군검찰부에서 불법적인 거래를 통해 불기소처분을 하거나 무리한 수사를 통해 기소권을 남용하는 경우가 발생할 가능성이 있다. 이러한 가능성을 방지하기 위한 조문[27]이 존재하는 것을 보면 충분히 그 가능성을 추정해 볼 수 있다. 물론, 군사법원법상 검찰관이 사건수사 및 사건송치를 받았을 때 소속 부대장에게 일일이 보고를 하도록 의무화한 것은 부대 지휘차원의 필요에 의한 것이겠으나 미연에 발생할지도 모르는 군검찰관의 불법적 불기소처분을 방지하기 위한 측면도 있다고 할 수 있는 것이다. 따라서 군사법원법상 증거능력 규정은 군검찰 및 군사법경찰 모두에게 동등하도록 수정이 이루어져야 할 것이다.

---

27) 군사법원법 제284조(검찰관의 사건보고) 검찰관은 수사를 하였거나 제283조에 따라 사건의 송치를 받았을 때에는 의견을 붙여 해당 군검찰부가 설치되어 있는 부대의 장에게 사건의 내용을 보고하여야 한다.

변사체의 정의 · 검시의 주체

가끔 군수사체계를 잘 모르는 외부인들은 군부대 사망사건 발생 시 검시에 관해 검시주체가 누구인가에 관해 질문을 하곤 한다. 본래 사망사건의 경우 사건발생부터 끝까지 유족들의 입회 및 동의하에 시작되고 유족들의 동의하에 끝나게 된다. 즉, 유족들의 동의가 있으면 검시가 가능28)하다. 물론 유족의 동의가 없더라도 수사의 일환으로 강제집행29)을 할 수도 있으며, 이러한 경우에는 해당 부대 군검찰관이 검시의 주체로서 집행하게 된다. 그러나 군검찰관이

---

28) 시체해부 및 보존에 관한 법률 제4조(유족의 승낙) ①시체를 해부하고자 할 때에는 그 유족의 승낙을 받아야 한다.

29) 군사법원법 제264조(변사자의 검시) ① 변사자 또는 변사한 것으로 의심되는 사체가 제2조에 해당하는 사람의 사체일 때에는 검찰관이 검시(檢視)하여야 한다.
시체해부 및 보존에 관한 법률 제7조(변사체의 검증) ① 변사체 또는 변사의 의심이 있는 시체에 대하여는 형사소송법 제222조의 규정에 의한 검시를 받지 아니하고는 해부할 수 없다.

모든 검시의 주체라고 할 수는 없다. 앞서 보았듯이 유족의 동의가 있으면 군검찰의 집행권한이 없이 다른 군수사기관 역시 유족 동의하에 검시를 할 수 있는 것이다.

또한 변사체의 범위에 들어가는지 여부에 따라 검시를 함에 있어서 주체의 범위가 달라지기도 한다. 우선 변사체의 범위는 사망원인이 불분명하거나 타살의 의혹이 있는 정체불명의 사망자에 한정되는데, 보통은 사망사건사고 시 모두 변사체에 준하여 처리하고 있으나, 이것은 잘못된 관례이다. 변사체가 아닌 경우는 집행지휘서를 청구할 필요가 없으며 헌병대장 지휘 하에 신속히 검시를 할 수 있다고 보아야 한다. 그렇다면 변사체의 범위를 정확히 정하고 있는 기준은 무엇일까? 이에 관한 기준을 명백히 한 판례가 있어 제시하고자 한다.[30]

【판결요지】 형법 제163조의 변사자라 함은 부자연한 사망으로서 그 사인이 분명하지 않은 자를 의미하고 그 사인이 명백한 경우는 변사자라 할 수 없으므로, 범죄로 인하여 사망한 것이 명백한 자의 사체는 같은 법조 소정의 변사체검시방해죄의 객체가 될 수 없다.

다시 말해서, 범죄로 인하여 사망하였더라도 사인이 명백한 경우와 자살이 분명한 경우 및 단순 사고에 의한 사망

---

30) 대법원 2003. 6. 27. 선고 2003도1331.

이 분명한 사체는 변사체가 아닌 것이다. 그리고 모든 행동 반경과 생활시간 등이 통제되고 중복구조에 의해 관리되는 군대 내에서는 변사자가 발생하는 경우는 아주 예외적일 뿐 아니라 전무하다고 할 수 있다. 따라서 대부분의 경우는 변사자가 아닌 단순 사망사고 및 사건이라고 할 수 있기에 변사체에 의한 검시는 극히 제한되어야 할 것이다. 즉, 변사자가 아닌 경우는 헌병이나 검찰관 각자가 수사의 일환으로 검시를 할 수 있다는 것이며 누군가의 지휘를 받을 필요가 없다. 물론, 민간사회에서의 사망의 경우는 사망의 대부분이 변사체라고 볼 수 있고 사망원인조작의 우려가 있으므로 검사의 검시가 필요하지만 군대 내의 사망의 경우는 99%가 원인이 확실하고 증거와 목격자가 존재하는 사고사와 자살 및 신원이 분명한 자에 의한 매우 이례적인 타살(매우 희박한 경우)이기 때문에 변사자라고 할 수 없다. 그러므로 수사의 일환으로 보아 처리하면 되고 현재 수사실무상 대부분의 사망사건 발생 시에 1차적으로 관할 헌병부대 또는 상급 헌병기관에 의해 수사가 진행되고 각 헌병대 및 상급헌병기관의 수사 책임자인 헌병대장 및 수사과장에 의해서 검시가 이루어진다는 점을 감안할 때, 지금처럼 굳이 변사체라고 볼 수 없는 대상을 검시할 때에도 일일이 집행 지휘신청을 할 필요는 없는 것이다.

군사법원법상 즉결심판절차?

즉결심판절차는, 심판 대상자에게 있어서 민간사회에서는 절차상 간소화와 수사기관에서의 중복 수사기록흔적 방지, 정식재판을 청구할 수 있는 기회 등 가벼운 법 위반에 대한 부분에 있어서 여러 가지로 유용하고 일상생활에 거의 지장을 주지 않으며, 실제 벌금으로 대부분 대체되기 때문에 불필요한 수사력 남용 방지와 정식기소에 의한 피의자 출석 및 반복신문 등 인권침해소지가 상당히 줄어들고 최종적으로 정식재판청구를 다시 할 때 1심부터 시작되므로 권리보호 차원에서도 상당히 유리하다고 할 수 있다.

또한 공무원의 경우에 경찰수사 후 송치되어 검찰에서 기소가 되면 해당 기관으로의 통보와 징계의 위협이 현저해져서 본의 아닌 피해를 입게 된다는 점에서 가벼운 사건의 경우에 기소보다는 즉결심에 의함이 여러모로 유용하고 실제 일상생활에서 범칙금 통보서 등을 받아보는 가정들이 상당수 있다. 그러나 군에서는 이러한 유용한 절차라는 점을 아직 인식하지 못하고 있고 이미 이 제도를 도입한 후에도 이를 실질적으로 활용하지 않고 있어서 가벼운 처벌로 끝날 사항임에도 굳이 군검찰로 송치되어 중복수사의 번거로움과 해당 근무부대에서 기소여부를 놓고 징계회부를 결정하게 되기도 하는 등 직업군인으로서는 직업생명을 다하는 위험을 감수해야하는 경우가 많다. 그리고 즉결심을 담당하는 헌병부대의 경우, 수사능력과 대외적인 신뢰성과 투명성, 끊임없는 수사력의 역량강화를 추구하고 있는 수사기구라는 점을 고려할 때 대한민국 어느 수사기관보다 공정하고 뛰어난 수사능력을 갖추고 있으므로 즉결심회부 남용의 위험은 없다고 할 수 있다.

또한 군 내부에서의 범죄는 99% 범죄의 혐의가 명백하고 복잡한 수사절차를 거쳐 처리해야 할 사건이 희박하고 피의자의 주거지가 확실하며 해당 군부대장에 의해 관리되고 있다는 점을 감안할 때, 100% 해결될 수 있다는 점에서 실제 인명손실이나 형법이나 군형법 상의 사건을 제외하고서는 경미한 사건사고로 볼 수 있는 사안들이 적지 않다. 더구나 군기유지와 군전투력 보존이라는 차원에서 볼 때 피해자가 존재하거나 대외사건, 강력사건사고를 제외하고서는 경한 군기관련사건사고, 도로교통법관련 사건사고나 경범죄에 관련된 사항들은 가벼운 벌금 등을 통해서 조직의 본보기 제시나 의식전환, 범칙자 본인에게는 강력한 경고적 수단을 통한 군기확립이 가능하고 간부 등 직업군인의 경우에 실제로 기소절차까지 넘어가면 군생활을 포기하게 되는 위험을 발생시키고 도리어 본인을 피해자로 여겨 반대소송을 하는 등 불필요한 대군신뢰도 저하와 군 전투력 낭비로 이어져 그 폐단이 크다고 할 것인 바, 이러한 점에서 즉결심판절차의 유용성은 더욱 크다고 하겠다. 이렇게 유용한 즉결심판절차를 간단히 소개하면 다음과 같다. 먼저 보통군사법원 군판사(이하 "군판사"라 한다)는 범죄의 증거가 명백하고 죄질이 경미한 범죄사건을 신속·적정한 절차로 심판하기 위하여 이 장에서 정한 즉결심판절차에 따라 피고인에게 20만원 이하의 벌금 또는 과료에 처할 수 있으며[31] 청구의 주체는 해당부대 헌병대장이다. 혹자는 헌병대장이 이 권한을 남용할 수 있다고도 주장하나, 헌병대장이 자의로 행사하는 것이 아니라, "부대의 장의 승인"을 받아서 청구할 수 있으므로 통제장치를 갖고 있다고 할 수 있다.[32]

---

31) 군사법원법 제501조의14(즉결심판의 대상)참조.
32) 군사법원법 제501조의15(즉결심판 청구) ① 즉결심판은 관할 헌병부대의 장이 관할 군검찰부가 설치되어 있는 부대의 장의 승인을 받아 관할 보통군사법원에 청구한다. ② 즉결심판을 청구할 때에는 즉결심판 청구서를 제출하여야 하며, 즉결심판 청구서에는 피고인의 성명이나 그 밖에 피고인을 특정할 수 있는 사항, 죄명, 범죄사실 및 적용법조를 적어야 한다.

또한 피고인의 출석을 의무화하여 피고인의 권리를 보호[33]하고 피고인의 편의를 위해서 불출석할 수 있도록 하고 있다.[34] 그리고 즉결심판절차는 정식재판절차가 아니므로 증거능력의 제한을 받지 않아서[35] 불필요한 절차를 생략할 수 있어 피고인의 일상 생활침해가 줄어들고 피고인이 필요시에는 정식재판을 청구하여 피고인의 재판청구권을 인정[36]하고 있고, 정식재판청구에 따라 즉결심판의 효력은 사

---

33) 군사법원법 제501조의20(피고인의 출석) 피고인이 기일에 출석하지 아니한 때에는 이 법 또는 다른 법률에 특별한 규정이 있는 경우를 제외하고는 개정할 수 없다.

34) 군사법원법 제501조의21(불출석심판) ① 피고인이나 즉결심판 출석통지서를 받은 사람(이하 "피고인등"이라 한다)은 군사법원에 불출석심판을 청구할 수 있고, 군사법원이 이를 허가하였을 때에는 피고인이 출석하지 아니하더라도 심판할 수 있다.

35) 군사법원법 제501조의23(증거능력) 즉결심판절차에 대하여는 제362조, 제365조제2항 및 제366조를 적용하지 아니한다.

36) 군사법원법 제501조의27(정식재판의 청구) ① 정식재판을 청구하려는 피고인은 즉결심판의 선고·고지를 받은 날부터 7일 이내에 정식재판 청구서를 관할 헌병부대의 장에게 제출하여야 한다. 이 경우 헌병부대의 장은 지체 없이 정식재판 청구서를 군판사에게 보내야 한다. ② 관할 헌병부대의 장은 제501조의24제5항의 경우 그 선고·고지를 한 날부터 7일 이내에 정식재판을 청구할 수 있다. 이 경우 헌병부대의 장은 관할 검찰부 검찰관의 의견을 물어 정식재판 청구서를 군판사에게 제출하여야 한다. ③ 군판사는 정식재판 청구서를 받은 날부터 7일 이내에 관할 헌병부대의 장에게 정식재판 청구서를 첨부한 사건기록과 증거물을 보내고, 헌병부대의 장은 지체 없이 관할 검찰부에 이를 보내야 하며, 검찰부는 지체 없이 관할 군사법원에 이를 보내야 한다. ④ 정식재판의 청구 또는 그 포기·취하에 관하여는 제397조부터 제399조까지, 제401조제1항·제2항, 제402조부터 제409조까지, 제411조, 제501조의8 및 제501조의9를 준용한다.

라지므로[37], 피고인의 권리침해의 여지가 있다고 볼 수도 없다. 그리고 직업군인으로서 군생활을 원에 의해 그만두게 될 위험도 회피할 수 있는데, 군인사법 시행규칙[38]에서 군사법원에서 약식명령의 청구 및 그 이하인 즉결심에 의한 판결의 경우에는 현역복무부적합 대상자로서 조사받을 사유에서 제외됨으로써, 사전에 피해를 방지할 수도 있다고 할 수 있다.

---

37) 군사법원법 제501조의28(즉결심판의 실효) 즉결심판은 정식재판의 청구에 따른 판결이 있으면 효력을 잃는다.

38) 군인사법 시행규칙 제57조(현역복무부적합자로 조사받을 사유) 다음 각 호의 1에 해당하는 자에 대하여는 제59조의 규정에 의한 현역복무부적합자조사위원회에 회부하여 제56조(제4항제5호를 제외한다)에 규정된 현역복무부적합자기준에의 해당여부를 조사하게 하여야 한다. 1. 군사법원에서 유죄판결을 받은 자(약식명령의 청구에 의하여 유죄판결을 받은 자를 제외한다)로서 제적되지 아니한 자

군인의 교통사고 대처요령

흔히, 한 번씩은 겪게 되는 주행 시 사건사고, 특히 개인 차량을 운전하는 경우 신분을 숨겨서 군인으로 알려지기를 꺼려하는 경향이 많은 것이 사실이다. 그러나 이러한 행위는 개인차원에서 재산적, 정신적으로 더 큰 위험을 가져올 수 있음을 명심해야한다. 물론, 교통사고 시 형법 268조(업무상과실·중과실 치사상)의 경우에는 당연히 형사사건으로 처벌되고, 교통사고처리특례법 3조(처벌의 특례) 2항의 경우와 동법 4조(보험 등에 가입된 경우의 특례) 1항 단서 각호의 경우[39]와 도로교통법 제148조, 제148조의2, 제149조, 제

---

[39] 교통사고처리특례법 4조(보험 등에 가입된 경우의 특례) 제3조제2항 단서에 해당하는 경우 / 피해자가 신체의 상해로 인하여 생명에 대한 위험이 발생하거나 불구(不具) 또는 불치(불치)나 난치(난치)의 질병에 이르게 된 경우 / 보험계약 또는 공제계약이 무효 또는 해지되거

150조, 제151조, 제152조, 제152조의2, 제153조, 제154조의 경우에는 당연히 정식형사절차에 의해 처리되고 제155조의 경우는 정식형사절차나 즉결심판회부 등에 의하게 되지만, 그 외 동법 제156조, 제157조 등의 경우는 동법 제163조(통고처분)에 의해 통상 범칙금납부를 면하게 된다. 사실, 제156조와 제157조 사안을 제외한 사건의 경우는 여러 가지 이유[40]로 결국 군수사기관의 도움을 받게 되지만 그 외의 단순 범칙금 납부의 경우에는 간단히 납부하고 말지라는 생각으로 마무리하게 된다. 그러나 만약 이렇게 범칙금통보납부를 하게 되면 일단 가해자로 인정받게 되는 증거를 남기게 되고 차후 자신의 교통사고 후유증을 이유로 손해배상을 청구하거나 가해차량 동승자 손상을 이유로 손해배상을 청구 시 자신이 배상 후 피해자에게 구상금을 청구하는 민사

나 계약상의 면책규정 등으로 인하여 보험회사, 공제조합 또는 공제사업자의 보험금 또는 공제금 지급의무가 없게 된 경우

[40] 가해자 측의 입장에서 사건의 내막을 더 잘 알고 있는 경우가 많고 자신의 책임을 회피하고자 오히려 피해자에게 책임을 돌리는 경우가 종종 발생하게 된다. 특히 속도위반이나 안전거리준수불이행 및 사각지대나 교차로에서의 충돌 시 누구에게 책임을 묻기가 애매하다. 물론, 충돌당시 목격자, CCTV, 충돌차량 간 최후위치와 파손부분 및 파편위치, 스키드마크와 충돌각도 등을 근거로 당시 상황 추정이 가능하지만 조사경찰의 능력부족이나 혼동, 가해자 측의 상황조작이 있을 수 있고 군인의 경우 조사경찰과 관계가 긴밀할 수 없고 진술기회도 제한되기 때문에 통상 가해자와 조사경찰 간에 사건구성이 이루어지고 또는 양자 간 부적절한 관계로 인한 허위내용의 실황보고서작성이 이루어진다면 피해자가 주도면밀하고 시간이 여유롭지 않은 이상, 정상적인 군생활을 하면서 진실을 밝혀내어 구제받기란 여간 쉽지 않다

소송을 제기하는 데, 이때 들고 나오는 증거가 바로 범칙금 납부사실이다. 실제로, 법원에서는 거의 앞의 증거를 채택하여 손해배상을 명하는 경우가 많아 자칫 피해자는 두 번의 고통을 받을 수 있다. 따라서 경미한 사고라고 하더라도 상황이 애매하고 믿을 수 있는 누군가가 없다면 즉각적으로 최기 헌병대의 도움을 요청해야 한다. 공정하고 신속할 뿐 아니라, 군을 대신하여 위와 같은 억울한 일을 예방할 수 있는 능력을 갖추고 있는 조직은 군인에게 있어서는 헌병뿐이기 때문이다. 분명, 대수롭지 않게 넘어갈 수 있는 범칙금이라도 몇 년 후에 자신에게 예상치 못한 타격을 줄 수 있다는 점을 명심하고 문제의 발단을 최초부터 억제할 수 있도록 해야 할 것이다.

군사법원법상 범칙금납부제도?

I. 군내에서의 군기확립을 위한 현제도의 문제점

한국전쟁 이후, 대한민국 군은 지금까지 조직, 장비, 인원 등 여러 면에서 부단히 변화하여왔고, 지금도 변화하고 있다. 그러나 이러한 끊임없는 변화의 흐름에도 불구하고 처벌에 관한 법규와 규정 분야는 과거와 거의 차이가 없다고 해도 과언이 아니다. 특히, 처벌수위에만 차이가 있을 뿐, 처벌적용 근거는 전시 및 평시 모두 같은 법규와 규정이 적용된다는 점에서 군기확립이라는 근본적인 목적달성에 기여하기보다는 불필요한 피해자를 양산하고 이에 따라 내부적인 불만이 가중되는 등 조직의 융화와 화합이라는 거시적인 측면에서는 오히려 역효과가 가중되고 있는 실정이다.

실제로, 군내에서 군기확립을 위한 처벌은 크게 형사절차에 의한 처벌과 행정상 징계를 부과하는 것 외에는 특별한 조치방안이 존재치 않는다. 특히 직업군인의 특성 상 피라미드 형태의 진급구조체계로 인해 작은 기록상 오점이라도 개인의 진급에 큰 영향을 미칠 수 있고, 차기계급으로의 진급이 좌절 시에 계급정년으로 인하여 직업을 잃게 되는 위험을 감수해야하기 때문에, 처벌 후에 반성보다는 대부분 스스로 자포자기하게 되며, 이는 곧 군기위반발생 가능성을 높이고, 제2의 사고를 야기하는 등 지휘의 어려움을 배가하는 역효과를 불러일으키게 된다. 물론 조직 자체적으로 군기확립을 위한 수많은 관리방침을 세우고 이에 따른 교육과 노력을 하고 있으나 근본적인 한계점이 있을 수밖에 없으며 어쩔 수 없이 처벌이라는 제재방안을 사용할 수밖에 없는 경우가 발생한다는 점에서 현재의 처벌규정은 이제 그 한계점에 다다랐다고 할 수 있다.

II. 통고처분 및 범칙금납부제도의 효과

현재 우리 군은 평시에도 전시를 대비한 군기확립과 조직의 화합과 유대를 유지하기 위해 노력하고 있지만 이미 내부적인 규정과 방침으로는 그 한계를 경험하고 있다. 그렇다면 과연 효과적인 군기확립과 동시에 조직의 화합을 유지할 수 있는 방안에는 어떠한 것이 있을까? 이에 대한 답을 찾기 위해 현재 외부에서 활용하고 있는 범칙금납부제도를 눈여겨 볼 필요가 있다.

가. 통고처분제도

범칙금 통고처분이란 법원이 자유형 또는 재산형의 형벌을 부과하는 형사소송절차를 대신하여 행정관청이 법규위반자에게 범칙금이라는 금전적 제재를 통고하고 이를 기한 내에 이행할 경우 당해 위반행위에 대한 형사소추를 면하게 하는 절차를 말한다.[41] 현재 민간사회에서 사회질서 유지를 위해서 활용하고 있는 범칙금 활용분야는 경범죄처벌분야, 조세범처벌분야, 도로교통분야, 출입국관리 및 환경보호분야 등이다. 범칙금 통고처분은 위반행위자의 입장에서 볼 때 일단 신속하고 간편하게 형사소추의 위험에서 벗어날 수 있으며 전과자의 오명을 쓰지 않아도 된다는 장점을 가지고 있고 행정관청 입장에서는 위반행위로 인한 법익침해를 행

---

41) 경범죄처벌법에 관한 연구, 이건호, 형사정책연구원, 1996. 12. p124.

정절차를 통해서 회복하고 위반행위의 재발을 억제하고 국고재정확보 차원의 이점을 얻을 수 있다.

또한 검찰과 법원에 의해 진행되는 절차가 아니기 때문에 불필요한 사법역량 낭비를 줄이고 통고대상자의 생활에도 아무런 제재를 주지 않는다는 점에서 양자 모두에게 유익한 제도로 활용되고 있다.[42] 이 제도는 본래 1970년대의 형사법개정운동에서 형법의 자유화와 인도주의화를 달성하기 위해서 형법과 형벌제도 등의 개혁에서 부각된 제도이다. 즉 통고처분과 금전적 처벌을 통해 개인에게 경고의 메시지를 전달하고 건전한 사회질서유지를 장려하며 처벌을 최소화하여 자칫 사회를 일탈하는 범죄자를 양산할 수 있는 가능성을 줄이기 위한 제도라고 할 수 있다.[43]

나. 통고처분 및 범칙금납부제도의 효과

그렇다면 과연 형사적 처벌 또는 징계와 같은 행정적 제재가 아닌 범칙금의 경우 그 효과의 정도는 어느 정도일까? 구체적인 효과는 제시된 아래의 통계자료를 통해서 가늠할

---

42) 군수사절차의 주요쟁점, 강은애, 마이디팟(주), 2011. 1. p46.
43) 교통범죄의 비범죄화와 그 방안으로서의 통고처분제도, 원혜욱, 형사정책연구원, 2002. p127.

수 있다.44) 표에서 알 수 있듯이 범칙금납부를 통한 질서위반사례는 꾸준히 감소하고 있으며 5년 만에 절반 가까이 위반행위가 감소하였다는 점에서 통고처분에 따른 범칙금납부처분이 질서유지를 위해 상당한 효과를 발휘하고 있음을 알 수 있다.

또한 범칙금납부제도에 관한 일반시민들의 인식 또한 상당히 긍정적인 편이라고 할 수 있는데, 형사정책연구원에서 집계한 통계자료에 따르면45) 90% 이상이 현 제도에 대해 긍정적인 답변을 한 것으로 보아 범칙금제도에 대한 수용선호도 또한 적지 않음을 확인할 수 있다.

---

44) 〈경범죄 범칙금 통고처분 변화양상, 2008 경찰청 통계자료〉

구 분	오물투기	음주 및 행패	금연장소위반	욕설 및 시비	위화감조성	합 계
2003	23,328	60,640	46,955	21,677	4,488	157088
2004	19,560	34,393	42,596	21,302	3,268	121119
2005	14,375	33,591	31,186	21,049	2,781	102982
2006	11,507	29,405	20,838	9,888	2,632	74270
2007	10,949	26,520	19,730	8,189	2,153	67541

45) 2008. 형사정책연구원. 〈서울시 범칙금 납부고지자 대상 477명 응답자〉

구 분	불 만	적 당	강화필요	계
범칙금부과부담	10%(48명)	46%(219명)	44%(210명)	477(100%)

Ⅲ. 군에서의 통고처분제도 도입 필요성

위에서 살펴보았듯이, 질서유지효과 측면에서 상당한 효과를 보일 뿐 아니라, 통고처분 당사자에게도 충분히 긍정적인 인상을 심어주고 있는 범칙금납부제도는 군에서도 상당한 효과를 끌어낼 수 있다고 판단된다. 그렇다면 과연 구체적으로 군내의 어느 분야에 적용될 수 있을까? 크게 도로교통법과 경범죄처벌법 상 적용사안 중에서 군에서 적용될만한 사항을 찾아보면, 우선 차량운행 간 신호 및 지시위반 행위를 들 수 있다. 영내에서 차량운행은 영외와 달리 크게 적용할만한 사항은 없지만, 정해진 장소 외에서 주차를 하거나 임의적인 역주행, 헌병 및 위병의 교통지시에의 불응 등의 행위는 빈번히 발생하고 있음에도 마땅히 제재할 수 있는 방안이 없는 실정이다. 다음으로 행정반이나 공동사무실 및 영내 금연장소에서의 흡연이나 군수품 및 식사 시 새치기, 야간 및 비상 시 통행제한에 대한 지시 위반, 군수물자관리소홀, 물건 던지기 등 위험행위, 음주소란행위 등, 시비를 거는 등 불안감조성행위, 담배꽁초나 껌 및 쓰레기 등의 오물투기와 방치행위, 노상방요 등의 경우에는 군부대 내부 및 군인아파트와 군 교육기관 등에서 자주 발생하고 이러한 행위가 실제 군기확립을 저해하는 데에 큰 영향을 끼친다는 점을 감안한다면 분명히 근절되어야 함에도 형사처벌이나 징계에 회부하기에는 너무 가벼운 사안이기 때문에 그 동안 방치되어온 것이 사실이다. 물론 지휘관이 지휘권 및 군기확립 차원에서 처벌을 하는 경우가 드물게 있지만, 자칫 과중한 처벌에 해당하여 원래의 목적을 달성하기보다는 처벌자의 불만이 증가되거나 항고[46), 행정심판[47), 항고 및 행정심판 후 행정소송[48), 자포자기 등의 행위로 인해 조직 내 유대감 약화 및 군기저해 등의 폐단이 발생할 수 있기에 범칙금 부과와 같은 제도 적용을 고려함이 타당하다고 할 것이다.

---

46) 군인사법 제60조(항고) ①징계처분을 받은 자는 인권담당군법무관의 조력을 받아 그 처분의 통지를 받은 날부터 30일 이내에 장관급장교가 지휘하는 징계권자의 차상급 부대 또는 기관의 장에게 항고할 수 있다. 다만, 국방부장관이 징계권자이거나 장관급장교가 지휘하는 징계권자의 차상급 부대 또는 기관이 없는 경우에는 국방부장관에게 항고할 수 있다.

47) 행정심판법 제3조(행정심판의 대상) ① 행정청의 처분 또는 부작위에 대하여는 다른 법률에 특별한 규정이 있는 경우 외에는 이 법에 따라 행정심판을 청구할 수 있다.

48) 행정소송법 제18조(행정심판과의 관계) ①취소소송은 법령의 규정에 의하여 당해 처분에 대한 행정심판을 제기할 수 있는 경우에도 이를 거치지 아니하고 제기할 수 있다. 다만, 다른 법률에 당해 처분에 대한 행정심판의 재결을 거치지 아니하면 취소소송을 제기할 수 없다는 규정이 있는 때에는 그러하지 아니하다.

Ⅳ. 군에서의 통고처분제도의 실현방안

가. 내부규정안과 법률안

다음은, 통고처분 및 범칙금부과제도를 도입 시 내부규정으로 할 것인가 또는 법률에 의하여 규정함이 적절한가의 문제이다. 우선, 내부규정으로만 정하게 될 시에는 도로교통법이나 경범죄처벌법 등의 법률상 군내부가 아닌 영외에서의 군인 등이 통고처분을 받아 범칙금을 납부할 사유가 발생하게 되었을 때, 내부규정이라는 한계로 인하여 위반행위에 대한 처분과 납부까지 모든 절차를 외부기관에서 처리하게 되어 군인 등으로 하여금 영내와 영외에서 서로 다른 이율배반적인 행위를 일관적으로 제재할 수 없게 되어 군기확립 및 지휘권 확립이라는 근본목적 달성을 제대로 할 수 없다는 문제점이 있다. 그러나 법률로 규정하게 된다면, 영내외를 가리지 않고 군인 등에 대해서는 군에서 제재가 가능하며, 외부에서 발생한 통고처분 사실이 군으로 이첩되어 일관적인 효과를 달성할 수 있다.

나. 기존법률안 편승안과 새로운 법률 제정안

다음으로, 법률안으로 통고처분 및 범칙금을 부과할 것이라면 기존에 존재하는 법률들에 각각 군인 등의 경우에 예외적 단서조항을 추가할 것인지 또는 새로운 법률을 제정할 것인지가 문제인데, 군인 등에게 통고처분을 하고 범칙금을 부과하고자 하는 제도도입의 목적은 일반사회와 달리 군기와 지휘권을 확립하고 직업군인으로서 과도한 인사 상 불이익을 줄이고자 하는 것이기 때문에, 그 존재이유가 같을 수 없고 부과주체와 납부절차 등도 차이가 있다는 점에서 새로운 법률에 의하여 규정함이 타당하다고 할 것이다.

다. 법률안 제정 시 핵심쟁점

다음은 법률을 제정할 시에 가장 핵심쟁점이 무엇인지에 관해 살펴보도록 하겠다. 대부분의 내용은 기존의 도로교통법 및 경범죄처벌법등에 준용하여 규정하되 군인 등에게 적용할 시 차이점을 고려하여 용어 또는 내용 등을 수정하면 되겠지만, 목적과 부과주체 및 납부기관 등의 경우에는 근본적인 차이점이 존재하기 때문에 이에 관해 짚고 넘어가고 자 한다. 우선 제정될 가칭 "군인 등의 범칙행위 처리에 관한 특별법"은 목적이 도로교통법 및 경범죄처벌법과 다르다는 점, 법제정의 취지가 군기확립과 과도한 인사상 불이익을 방지하고자 한다는 점에 착안하여 목적을 다음과 같이 정할 수 있겠다. "군기와 지휘권을 확립하고, 과도한 처벌로 인한 인사 상 불이익을 최소화하여 자발적인 계도와 부대의 화합을 달성한다." 다음으로, 중요한 쟁점으로 들 수 있는 것이 바로 통고처분권자 및 범칙금납부 부과권자의 문제이다. 현재 군에서 통상적인 경찰의 임무를 수행하는 것은 헌병부대이므로 경찰서장 대신 헌병부대장을 부과권자로 볼 수도 있지만 가칭 "군인 등의 범칙행위 처리에 관한 특별법"은 군기 및 지휘권 확립이라는 근본목적을 달성하기 위해서 제정하려고 하는 것이므로 지휘관이 부과권자가 되어야하지 않는가라는 의견이 있을 수 있다. 그러나 헌병부대장은 지휘관의 참모이자 부하라는 점과 헌병부대장의 결정은 지휘관의 결심이 전제되어야 가능하다는 점, 그리고 부대를 관리하고 전투를 승리로 이끌어야 하는 중대한 임무를 수행하는 지휘관을 경찰서장과 같은 지위로 규정함은 격식의 차이와 구조적인 문제가 있다는 점, 경범죄처벌법49) 및

---

49) 경범죄처벌법 제8조(통고처분 불이행자등의 처리) ①경찰서장 또는 해양경찰서장은 다음 각 호의 어느 하나에 해당하는 사람에 대하여는 지

도로교통법50)에 의하면, 범칙금미납 시 즉결심판절차로 진행되고, 군사법원법상51) 군에서 즉결심판청구를 헌병부대의 장이 하도록 규정하고 있다는 점 등을 고려할 때 범칙금부과권자는 헌병부대의 장으로 정함이 타당하다고 할 것이다. 마지막으로 납부기관의 문제인데, 도로교통법 및 경범죄처벌법 등의 경우에는 범칙금의 납부기관을 경찰서장이 지정하는 국고은행, 지점, 대리점, 우체국 등으로 규정하고 있는데, 과연 군에서는 어느 기관에 납부함이 타당한지에 관해 살펴보자. 먼저 기존 벌금이나 과료의 경우에 육군규정에서는 당해부대 세입징수관 국고 계좌에 납입하도록 규정하고 있다.52) 그렇다면 새로운 제도에 따른 범칙금 납부의 경우에도 세입징수관 국고 계좌에 납입하는 것이 타당할까? 만약 통고처분권과 범칙금수납권을 모두 한 기관에서 집행한다면 자칫 권한남용과 불법적인 금전사고의 가능성이 높아질 것이고, 부대의 참모기관인 헌병부대장이 경리담당 참모의 업무기능까지 겸하는 꼴이 된다는 점에서 기존의 절차대로 납입

체 없이 즉결심판을 청구하여야 한다.

50) 도로교통법 제165조(통고처분 불이행자 등의 처리) ①경찰서장은 다음 각 호의 어느 하나에 해당하는 사람에 대하여는 지체 없이 즉결심판을 청구하여야 한다.

51) 군사법원법 제501조의15(즉결심판 청구) ① 즉결심판은 관할 헌병부대의 장이 관할 군검찰부가 설치되어 있는 부대의 장의 승인을 받아 관할 보통군사법원에 청구한다.

52) 육규142 제82조 벌금 및 징수절차 참조.

집행기관은 분리되어 운용함이 타당하다고 할 것이다.

V. 맺음말

지금까지 군인 등에 관한 범칙금납부제도도입에 관하여 살펴보았다. 우리의 군의 존재목적이 유사시에 대비한 전투력발휘를 보존 및 유지하기 위함이라는 점과 이 목적달성을 위해서는 사소한 분야에서부터 엄정한 군기를 확립하고 동시에 지휘관을 중심으로 한 부하들은 가족과 같은 *끈끈한* 유대감으로 뭉쳐야 한다는 점을 감안할 때, 지금까지 행해져온 사소한 분야에 대한 미온적인 처리와 적절한 제재수단이 부재하여 과도한 징계 및 형사처벌을 통해 군기를 확립할 수밖에 없었던 우리 군은 새로운 제도의 도입이 반드시 필요하며, 현재 가장 적절할 것으로 판단되는 제도 중의 하나로 통고처분 및 범칙금부과제도를 들 수 있을 것이다. 이 제도에 관하여는 이미 앞서 그 장점과 효율성을 언급한 바 있다. 우리 군의 변화는 이미 시작되었고, 더 이상 과거로 돌아갈 수 없다는 것을 분명히 인식하고 있는 지금, 그 변화에 걸맞은 내부적인 제도와 법규는 무기와 조직구조만큼이나 중요하다고 할 수 있다. 특히, 처벌과 제재에 관한 법규는 군기확립 및 군 조직운영과 직결된다는 점에서 더 이상 미룰 수 없는 최우선적인 과제임을 명심하여야 할 것이다.

『군인 등의 범칙행위 처리에 관한 특별법』

제1장 총 칙

제1조(목 적) 본 법은 하사 이상의 간부급 군인 등을 대상으로 하여 적용하며, 경미한 군기 위반자에 대한 형사적 제재 및 행정적 제재 이 외의 통고처분과 이에 따른 범칙금을 부과함으로써 효율적인 군기와 지휘권 확립에 기여하고 개인의 인사 상 불이익을 최소화하여 자발적인 계도와 부대의 화합을 달성함을 목적으로 한다.

제2장 범칙행위의 종류와 처리

제2조(범칙행위의 종류) 다음 각 호의 1에 해당하는 사람은 10만 원 이하의 범칙금을 납부한다.

　1. (빈구조물 등에의 잠입) 지키지 아니하는 구조물 또는 그 울타리 안이나 건조물·배·자동차 안에 정당한 이유 없이 숨어 들어간 사람

2. (군용물 등의 은닉휴대) 무기류를 제외한 군용에 공하는 물건 등을 용도 외의 시간 및 장소에 이유 없이 숨기어 지니고 다니는 사람

3. (무단주차 및 교통신호/통제 위반) 주차장소가 아닌 곳에 무단으로 차를 세워 정차하거나 교통신호표시, 헌병의 교통통제를 따르지 아니한 사람

4. (관명사칭 등) 국내외의 관공직·계급·훈장·학위 그 밖에 법령에 의하여 정하여진 명칭이나 칭호 등을 거짓으로 꾸며 대거나 자격이 없으면서 법령에 의하여 정하여진 제복·훈장·기장 그 밖의 표장 또는 이와 비슷한 것을 사용한 사람

5. (업무방해등) 부대의 업무에 관하여 고의적인 비협조로 업무수행을 방해한 사람

6. (오물투척) 담배꽁초·껌·휴지·쓰레기 그 밖의 더러운 물건이나 못쓰게 된 물건을 함부로 아무 곳에나 버린 사람

7. (노상방뇨 등) 훈련장을 비롯한 영내외 등지에 함부로 침을 뱉거나 대소변을 보거나 또는 그렇게 하도록 시키거나 개 등 짐승을 끌고 와 대변을 보게 하고 이를 수거하지 아니한 사람

8. (의식방해 등) 부대행사 및 여러 명이 행사는 잔치

및 의식에 대하여 못된 장난 등으로 이를 방해하거나 행사나 의식을 베푸는 자 또는 그 밖의 관계있는 사람이 말리는데도 듣지 아니하고 이를 방해할 우려가 뚜렷한 사람

9. (불안감조성 등) 정당한 이유 없이 시비를 걸거나 몹시 거칠게 깁을 주는 말 또는 행동으로 다른 사람을 불안하게 하거나 귀찮고 불쾌하게 한 사람

10. (음주소란 등) 영내외를 포함하여 사람이 모인 장소에서 몹시 거친 말 또는 행동으로 주위를 시끄럽게 하거나 술에 취하여 이유 없이 다른 사람에게 주정을 한 사람

11. (인근소란 등) 악기·라디오·텔레비전·전축·종·확성기·전동기 등의 소리를 지나치게 크게 내거나 큰소리로 떠들거나 노래를 불러 이웃을 시끄럽게 한 사람

12. (위험한 불씨사용) 상당한 주의를 하지 아니하고 건조물·수풀 그 밖의 불붙기 쉬운 물건 가까이서 불을 피우거나 휘발유 그 밖의 불이 옮아붙기 쉬운 물건 가까이서 불씨를 사용한 사람

13. (물건 던지기 등 위험행위) 지위고하를 막론하고 다른 사람의 신체나 다른 사람 또는 단체의 물건에 해를 끼칠 우려가 있는 부분에 상당한 주의를 하지 아니하고 물건을 던지거나 붓는 사람

14. (안전관리소홀) 부대의 위험한 사고의 발생을 막을

의무가 있는 사람이 예방조치를 게을리 한 경우

15. (무단수색 등) 법률 및 규정에 의하지 않고 사전예고 없이 사무실 및 개인 차량이나 물건 등을 수색하는 사람

16. (성명 등의 허위기재) 이유 없이 군인의 신분은 속이거나 성명·주민등록번호·등록기준지·주소·직업 등을 거짓으로 꾸며대고 영내외에서 활동하는 사람

17. (통행제한위반행위) 전시·사변·천재·지변 또는 수사진행현장에서 지휘관 및 수사책임 담당관 허가 없이 통행한 사람

18. (지문채취불응 등) 범죄의 피의자로 입건된 사람에 대하여 수사기관이 지문조사외의 다른 방법으로 그 신원을 확인할 수 없어 지문을 채취하려고 할 때 정당한 이유 없이 이를 거부한 사람

19. (새치기) 식사장소 또는 화장실 등 여러 사람이 모이는 곳에서 사람들이 줄을 서고 있을 때에 새치기 하거나 떠밀거나 하여 그 줄의 질서를 어지럽힌 사람

20. (무단출입) 출입이 금지된 구역이나 시설 또는 장소에 정당한 이유 없이 들어간 사람

21. (총포 등 조작장난) 여러 사람이 모이거나 다니는 곳에서 상당한 주의를 하지 아니하고 총포나 화약류 그 밖의 폭발의 우려가 있는 물건을 다루거나 이를 가지고 장난

한 사람

22. (장난전화 등) 정당한 이유 없이 다른 사람에게 전화 또는 편지를 여러 차례 되풀이하여 괴롭힌 사람

23. (금연장소에서의 흡연) 담배를 피우지 못하도록 표시된 곳에서 담배를 피운 사람

제3조(남용금지) 이 법의 적용에 있어서는 피적용자의 권리를 부당하게 침해하지 아니하도록 세심한 주의를 기울여야 하며, 본래의 목적에서 벗어나 다른 목적을 위하여 이 법을 함부로 적용하여서는 아니 된다.

제3장 범칙행위의 특례

제4조(정의) ①이 장에서 "범칙행위"라 함은 제2조 각 호에 규정된 행위를 말한다.

②이 장에서 "범칙자"라 함은 범칙행위를 행한 사람으로서 다음 각 호의 1에 해당하지 아니한 사람을 말한다.

1. 범칙행위를 상습적으로 행하는 사람

2. 죄를 범한 동기나 수단 및 결과를 헤아려 형사처벌 및 징계처분이 상당하다고 인정되는 사람

3. 피해자가 있는 행위를 한 사람

③이 장에서 "범칙금"이라 함은 범칙자가 제5조의 규정에 의한 통고처분에 의하여 세출납담당관 국고계좌에 납부하여야할 금액을 말한다.

제5조(통고처분) ①당해 부대 헌병부대장은 범칙자로 인정되는 사람에 대하여 그 이유를 명백히 나타낸 서면으로 범칙금을 납부할 것을 통고할 수 있다. 다만, 다음 각 호의 어느 하나에 해당하는 사람에 대하여는 그러하지 아니하다.

1. 통고처분서 받기를 거부한 사람

2. 주거 또는 신원이 확실하지 아니한 사람

3. 그 밖에 통고처분하기가 매우 어려운 사람

②제1항의 규정에 의하여 통고할 범칙금의 액수는 범칙행위의 종류에 따라 대통령령으로 정한다.

제6조(범칙금의 납부) ①제5조의 규정에 의하여 통고처분서를 받은 사람은 그 통고처분서를 받은 날로부터 10일 이내에 당해 부대의 세출납담당관 국고계좌에 범칙금을 납부하여야 한다. 다만, 천재·지변이나 그 밖의 부득이한 일로 말미암아 그 기간 내에 범칙금을 납부할 수 없을 때에는 그 부득이한 일이 없어지게 된 날로부터 5일 이내에 납부하여야 한다.

②제1항의 규정에 의한 납부기간 내에 범칙금을 납부

하지 아니한 사람은 납부기간이 만료되는 날의 다음 날부터 20日 이내에 통고받은 범칙금액에 그 100분의 20을 더한 금액을 납부하여야 한다. 〈新設 1994.12.22〉

③제1항 또는 제2항의 규정에 의하여 범칙금을 납부한 사람은 그 범칙행위에 대하여 다시 벌 받지 아니한다.

제7조(통고처분 불이행자등의 처리) ①헌병부대장은 다음 각 호의 어느 하나에 해당하는 사람에 대하여는 지체 없이 즉결심판을 청구하여야 한다. 다만, 제2호에 해당하는 사람으로서 즉결심판이 청구되기 전까지 통고받은 범칙금액에 그 100분의 50을 더한 금액을 납부한 사람에 대하여는 그러하지 아니하다.

1. 제5조제1항 각 호의 어느 하나에 해당하는 사람

2. 제6조제2항의 규정에 의한 납부기간 내에 범칙금을 납부하지 아니한 사람

②제1항제2호의 규정에 의하여 즉결심판이 청구된 피고인이 즉결심판 선고 전까지 통고받은 범칙금액에 그 100분의 50을 더한 금액을 납부하고 증빙서류를 제출한 때에는 헌병부대장은 그 피고인에 대한 즉결심판 청구를 취소하여야 한다.

③제1항 단서 또는 제2항의 규정에 의하여 범칙금을 납

부한 사람은 그 범칙행위에 대하여 다시 벌 받지 아니한다.

　④경찰서장 및 해양경찰서장은 제1항 각 호의 어느 하나에 해당하는 사람이 있는 경우에는 즉 대상자 소속 부대 헌병부대장에게 그 사실을 통보하고 관련 서류를 이첩하여야 한다. 이 경우 통보를 받은 헌병부대장은 제1항 내지 제3항의 규정에 따라 이를 처리하여야 한다.

〈부 칙〉

이 법은 공포 후 30일이 경과한 날로부터 시행한다.

검문소 · 교도근무헌병 · 특별경호대원의 대

일반적으로 국가공무원의 경우에 수당 등의 규정은 공무원보수규정에 의거하여 하위의 법규정에 의해서 세부적으로 규정되어 있고, 군의 경우도 각각의 특수수당지급에 관한 규정을 두고 이에 따라서 수당을 지급하고 있다. 물론 최대한 예산 범위 내에서 수당의 공평한 배분을 위한 규정들이 존재하지만, 각 예산은 군 내부에서도 하위 조직들에 할당되어 운용되기 때문에 조직의 임무와 규모에 비해 상당히 적은 예산을 할당받은 경우에는 충분한 수당을 받지 못하는 인원이 발생하게 될 수밖에 없다. 특히 헌병의 경우 수사임무에 관하여 치중되어 있어 이에 대한 지원예산과 수사임무 수행자에 대한 각종 수당 등은 어느 정도 지급되고 있는 반면, 이에 못지않게 중요한 임무를 수행하는 검문소 및 교도근무요원이나 특별경호대원들의 경우에는 실상 그에 합당한 특별수당을 지급받고 있다고 할 수 없다. 소정의 헌병인원 중 특별근무지에 관한 수당이 주어지는 경우가 있기는 하지만 이는 헌병의 임무와 가장 유사한 직무를 수행하는 경찰과 비교해서 부족한 것이 현실이다. 경찰의 경우에는 경찰공무원 특수지근무수당 지급규칙과 전투경찰대원에대한 특례를 두어 검문소 및 교도근무인원이나 특별경호대원 등에 준하는 자에게 상당한 정도의 수당을 지급[53]하고 있다. 이와 같이 상당수준의 수당 등의 지급을 통해서 대우하고 있는 점에 비추어볼 때 헌병 내에서도 검문소, 교도근무헌병 및 특별경호대원등에 대해 새로운 수당지급규정을 두거나 적어도 지금의 수준보다는 상향조정을 함으로써 이들의 임무수행이 빛을 잃지 않도록 하여야 할 것이다.

---

[53] 경찰공무원 특수지근무수당 지급규칙 [경찰청령 제110호] 제1조(목적) 이 규칙은 「공무원수당 등에 관한 규정」 제12조제1항 및 제3항에 따라 경찰공무원 특수지근무수당의 지급에 필요한 사항을 규정함을 목적으로 한다. 제2조(지급대상 및 등급 등) ① 경찰공무원 특수지근무수당의 지급대상이 되는 특수지역 및 특수기관과 그 등급별 구분 등은 경찰청장이 행정안전부장관과 협의하여 정한다. ② 제1항에서 "특수기관"이란 유치장(호송출장소를 포함한다)·검문소·산악구조대 및 해발 800미터 이상에 위치한 기관 등 근무환경이 특수한 경찰기관을 말한다.
전투경찰대원에대한특례 [대통령령 제836호] 제4조 대원에는 봉급의 3할에 해당하는 위험수당을 지급한다.

헌병에 관한 대통령령·통폐합은 필요한가?

Ⅰ. 근거 없는 대통령령 통 / 폐합의 필요성

가. 문제점

현행 군사법경찰관의 직무에 관하여는 법률이 없이 대통령령에만 헌병의 직무에 관해 규정되어 있다. 물론, 군사법경찰관의 수사업무에 관하여는 "군사법원법"〈수사〉부분과 사법경찰관리의 직무를 수행할 자와 그 직무범위에 관한 법률에서 명시[54]하고 있으나, 이는 수사업무 또는 군용물에

---

54) 사법경찰관리의 직무를 수행할 자와 그 직무범위에 관한 법률 제9조 (군사법경찰관리) ①「군사법원법」 제43조제1호 및 제46조제1호(헌병)에 따른 군사법경찰관리로서 지방검찰청검사장의 지명을 받은 자는 「군용물 등 범죄에 관한 특별조치법」에 규정된 범죄에 관하여 사법경찰관리의 직무를 수행한다.

한한 것이라, 실제 헌병의 활동을 모두 규정한다고 할 수 없다. 그리고 군사법경찰관인 헌병은 군 내부 및 군과 관련된 부분에서 사법업무 외에 행정경찰업무를 수행하고 있으며 오히려 군의 전투력 보전, 유지를 목적으로 하는 군의 일부조직이라는 점에서 범죄예방 및 범죄정보수집 및 군기 유지와 전투부대 지원 등의 수사업무 외에 행정경찰업무가 더욱 중요한 측면이 있다는 점에서 수사 이외의 부분에 관한 헌병의 임무 및 권한에 관하여 법률에 근거 없는 대통령령보다는 경찰관직무집행법과 같은 법률상 근거를 마련할 필요가 있다. 현행 존재하고 있는 〈헌병령〉, 〈헌병무기사용령〉, 〈국방부조사본부령〉 등은 원래 〈헌병과국군정보기관의수사한계에관한법률〉에서 헌병과 방첩대(현 기무부대)의 업무에 관해 법률에 근거하여 함께 제정되었거나 차후 개정되었으나, 〈헌병과국군정보기관의수사한계에관한법률〉법률의 폐단이 심하여 폐지되었으므로 위 각 대통령령들은 근거 법률이 존재치 않게 되었고, 현행 법체계상 대통령령은 당연히 법률에 근거하는 것이 원칙인 이상, 위의 대통령령들에 관한 근거 법률을 제정할 필요가 있다.

나. 개선방향

우선 헌병령55)과 관련하여 헌병사령관이라는 직책이 사라진 지금, 헌병사령관을 누구로 볼 것인가 하는 문제를 해결하고 사법경찰의 업무를 수행함에 있어서는 군사법원법이 존재하고 있으므로 현재의 헌병령은 손질할 필요가 있다.

또한 헌병무기사용령56)은 근거법률 없이 무기사용을 규정하여 자칫 인권침해 및 위헌의 소지마저 있다. 더구나 국군기무사령부령상 무기사용의 근거57)를 헌병무기사용령과 같은 대통령령으로 정하고 있는 점은 법률위임의 범위에 있어서도 문제가 있다. 그리고 현행 국방부조사본부령도 어디

---

55) 헌병령 제1조 헌병은 국방부에 소속하고 참모총장의 지휘감독을 받아 군사에 관한 경찰을 장리한다. 제2조 헌병은 군사에 관한 사항에 한하여 행정경찰 또는 사법경찰을 행할 수 있다. 전항의 경우에 행정경찰에 관하여는 헌병은 서울시장 또는 도지사의 지휘를 받아야 하며 사법경찰에 관하여는 헌병사령관은 사법경찰관으로서 서울시장, 도지사 또는 지방검찰청검사와 동일한 권한을 가지며 헌병의 장교, 준사관 및 하사관은 사법경찰관으로서 서울시장, 도지사 또는 검사의 지휘를 받아야 한다.

56) 헌병무기사용령 제1조(목적) 이 영은 헌병의 무기사용의 범위와 한도를 규정함을 목적으로 한다. 제2조(다른 법령과의 관계) 헌병의 무기사용에 관하여는 다른 법령에 특별한 규정이 없는 한 이 영에 의한다.

57) 국군기무사령부령 제6조(무기사용) ①사령관은 소속부대원에게 직무수행 상 필요한 무기를 휴대하게 할 수 있다. ②제1항의 규정에 의하여 무기를 휴대하는 자가 무기를 사용함에 있어서는 헌병무기사용령 제3조 내지 제5조의 규정을 준용한다. 이 경우 동령 제5조에 규정된 "헌병사령관"은 이를 "국군기무사령관"으로 본다.

에 근거해서 설치가 되었는지, 명시할 필요가 있다는 점에서 이를 통합하여 「군사법경찰관의 직무에 관한 법률」을 제정하고 이에 근거하여 각각의 대통령령들을 현행 존재하는 직책에 맞게 개정할 필요가 있다.

II. 헌병의 정보기관으로서 위상제고와 예산확보 차원에서의 대통령령 통 / 폐합의 필요성

군내에서 군사에 관한 정보 및 첩보수집 임무는 흔히들 기무부대에서 전적으로 담당하는 것으로 알려져 있다. 물론, 국군기무사령부령에서는 근거규정[58]을 두어 이를 뒷받침 하고 있다. 그러나 헌병병과 역시 군 내의 범죄예방과 수사 및 군기·질서를 통한 전투력 보존·유지의 차원에서 군 관련 첩보, 정보수집 기능의 중요성을 인정할 수 있으며, 이에 따라 수사부서 이외에 첩보 및 정보수집 부서를 따로 설치, 운용 및 이에 관한 예산확보를 위해 법률적 근거가 필요하다고 할 수 있다. 물론 범죄수사에 관한 정보 및 첩보수집에 있어서는 군사법원법상 근거를 가지고 있지만 국방부조사본부령과 헌병령 등의 경우는 헌병에 정보 및

---

58) 국군기무사령부령 제1조(설치와 임무) 다음 각 호의 사항을 관장하기 위하여 국방부장관소속하에 국군기무사령부를 둔다. 3. 군에 관한 첩보 및 군과 관련이 있는 첩보의 수집/처리에 관한 사항(대정부전복, 대테러 및 대간첩작전에 관한 사항을 포함한다)

첩보수집 권한을 부여하고 있음[59])에도 그 근거 법률이 없어서 문제가 적지 않다. 사실 헌병과 유사조직이라고 할 수 있는 경찰의 경우에는 정보부서를 설치하여 운영하고 있으며 그에 대한 근거법률[60]) 또한 존재한다. 물론 경찰의 임무가 국민의 생명과 재산의 보호 및 범죄에 관한 업무를 위한다는 중요성 때문에 이러한 법률적 근거가 인정된다고 할 수 있지만 사실 국방의 임무는 경찰의 임무보다 더 중요하고 헌병의 정보, 첩보수집 업무는 이처럼 중요한 국방의 임무를 수행하기 위한 군 전투력 보존, 유지를 통해 사전에 전투력 손실을 방지한다는 입장에서 더욱 중요하다고 할 수 있다.

위의 두 가지 입장에서 범죄수사에 관한 군사법원법과 같은 제한적인 법률근거 이외에 사법 및 행정에 관한 사항까지 아우를 수 있는 법률적 근거가 필요하다고 할 수 있으며 이미 존재하고 있는 헌병에 관한 대통령령들은 통/폐

---

59) 국방부조사본부령 제1조(설치와 임무) 다음 각 호의 사항을 관장하기 위하여 국방부장관 소속 하에 국방부조사본부를 둔다.1. 국방부와 그 직할기관 및 부대에 근무하는 군인 및 군무원에 대한 범죄의 수사 및 예방과 범죄정보에 관한 업무
   헌병령 제2조 헌병은 군사에 관한 사항에 한하여 행정경찰 또는 사법경찰을 행할 수 있다.
60) 경찰법 제3조(국가경찰의 임무) 국가경찰은 국민의 생명/신체 및 재산의 보호와 범죄의 예방/진압 및 수사, 치안정보의 수집, 교통의 단속 기타 공공의 안녕과 질서유지를 그 임무로 한다.

합이 필요하다고 할 수 있다. 다음은 "경찰관직무집행법"을 토대로 임의로 틀을 잡은 "군사법경찰관직무집행법"의 예이다.

〈군사법경찰관직무집행법〉(예시)

제1조(목적) ①이 법은 군 전투력 보전과 유지를 위한 군대의 군기확립 지원을 위해 군사법경찰관의 직무수행에 필요한 사항을 규정함을 목적으로 한다.

②이 법에 규정된 군사법경찰관의 직권은 그 직무수행에 필요한 최소한도 내에서 행사되어야 하며 이를 남용하여서는 아니 된다.

제2조(직무의 범위) 군사법경찰관은 다음 각호의 직무를 행한다.

1. 군과 관련된 범죄의 예방/진압 및 수사(즉결심판 이상의 사안은 군사법원법에 의한다.)

2. 군 주요요인 경비/요인경호

3. 범죄정보 및 첩보의 수집/작성 및 배포

4. 훈련 및 실전 간 교통의 지원과 위해의 방지

5. 기타 군기유지를 위해 필요한 제반사항

제3조(불심검문) ① 군사법경찰관은 군과 관련된 임무수행에 있어 긴급한 필요가 있거나 군관련 범죄를 범하였다고 인정되는 자에게 최소한 필요한도에서 제반사정을 합리적으로 판단하여 정지 하 질문할 수 있다.

②그 장소에서 제1항의 질문을 하는 것이 당해인에게 불리하거나 교통의 방해가 된다고 인정되는 때에는 질문하기 위하여 부근의 헌병대/기무부대에 동행할 것을 요구할 수 있다. 이 경우 당해인은 군사법경찰관의 동행요구를 거절할 수 있다.

③군사법경찰관은 제1항에 규정된 자에 대하여 질문을 할 때에 총기를 포함한 흉기의 소지여부를 조사할 수 있다.

④제1항 또는 제2항의 규정에 의하여 질문하거나 동행을 요구할 경우 군사법경찰관은 당해인에게 자신의 신분을 표시하는 증표를 제시하면서 소속, 계급, 성명을 밝히고 그 목적과 이유를 설명하여야 하며, 동행의 경우에는 동행장소를 밝혀야 한다.

⑤제2항의 규정에 의하여 동행을 한 경우 군사법경찰관은 당해인의 가족 또는 친지등에게 동행한 군사법경찰관의 신분, 동행장소, 동행목적과 이유를 고지하거나 본인으로 하

여금 즉시 연락할 수 있는 기회를 부여하여야 하며, 변호인의 조력을 받을 권리가 있음을 고지하여야 한다.

⑥제2항의 규정에 의하여 동행을 한 경우 군사법경찰관은 당해인을 6시간을 초과하여 헌병대 및 기무부대에 머물게 할 수 없다.

⑦제1항 내지 제3항의 경우에 당해인은 군사법원법 내지 형사소송법에 의하지 아니하고는 신체를 구속당하지 아니하며, 그 의사에 반하여 답변을 강요당하지 아니한다.

제4조(보호조치등) ①군사법경찰관은 수상한 거동 기타 주위의 사정을 합리적으로 판단하여 다음 각 호의 1에 해당함이 명백하며 응급의 구호를 요한다고 믿을 만한 상당한 이유가 있는 자를 발견한 때에는 보건의료기관 또는 공공구호기관에 긴급구호를 요청하거나 인근부대에 보호하는 등 적당한 조치를 할 수 있다.

1. 군차량과 관련된 사고자 및 군인과 관련된 범죄가해자 및 피해자

2. 군 부대 및 검문소 주위에서 발견된 자로 긴급한 구호가 필요다고 판단되는 자

②제1항의 긴급구호요청을 받은 군의료기관이나 군부대는 정당한 이유 없이 긴급구호를 거절할 수 없다.

③제1항의 경우에 피구호자가 휴대하고 있는 총기/흉기등 위험을 야기할 수 있는 것으로 인정되는 물건은 해당 인근 군부대에 임시영치할 수 있다.

④군사법경찰관이 제1항의 조치를 한 때에는 지체 없이 이를 피구호자의 가족/친지 기타의 연고자에게 그 사실을 통지하여야 한다.

⑤군사법경찰관은 제4항의 규정에 의하여 피구호자를 군부대에서 공중보건의료기관 또는 공공구호기관에 인계한 때에는 즉시 그 사실을 피구호자의 가족, 친지에게 알린 후 지체 없이 해당 군사법경찰관 소속부대 장(이하, 헌병대장 및 기무부대장)에게 보고하여야 한다.

⑥제5항의 보고를 받은 소속 헌병대장 또는 기무부대장은 피구호자를 인계한 사실을 지체 없이 당해 공중보건의료 기관/공공구호기관의 장 및 그 감독행정청에 통보하여야 한다. 피구호자가 군인인 경우에는 피구호자 소속 부대장에게 통보하여야 한다.

⑦제1항의 규정에 의한 군부대에서의 보호는 24시간을, 제3항의 임시영치는 10일을 초과할 수 없다.

제5조(위험발생의 방지) ①군사법경찰관은 군과 관련된 자의 인명 또는 신체에 위해를 미치거나 재산에 중대한 손

해를 끼칠 우려가 있는 사태가 있을 때에는 다음의 조치를 할 수 있다.

1. 그 장소에 집합한 자, 사물의 관리자 기타 관계인에게 필요한 경고를 발 하는 것

2. 특히 긴급을 요할 때에는 위해를 받을 우려가 있는 자를 필요한 한도 내에서 억류하거나 피난시키는 것

3. 그 장소에 있는 자, 사물의 관리자 기타 관계인에게 위해방지상 필요하다고 인정되는 조치를 하게 하거나 스스로 그 조치를 하는 것

②제1항의 경우 군사법경찰관은 지체 없이 인근 부대에 해당 사실을 통보하여 지원을 요청하여야 한다.

제6조(범죄의 예방과 제지) 군사법경찰관은 군관련 범죄 행위가 목전에 행하여지려고 하고 있다고 인정될 때에는 이를 예방하기 위하여 관계인에게 필요한 경고를 발하고, 그 행위로 인하여 인명/신체에 위해를 미치거나 재산에 중대한 손해를 끼칠 우려가 있어 긴급을 요하는 경우에는 그 행위를 제지할 수 있다.

제7조(위험방지를 위한 출입) ①군사법경찰관은 제5조제1항 및 제6조에 규정한 위험한 사태가 발생하여 인명/신체

또는 재산에 대한 위해가 절박한 때에 그 위해를 방지하거나 피해자를 구조하기 위하여 부득이 하다고 인정할 때에는 합리적으로 판단하여 필요한 한도 내에서 해당 군부대와 타인의 토지/건물 또는 선차 내에 출입할 수 있다.

②흥행장/여관/음식점/역 기타 다수인이 출입하는 장소의 관리자 또는 이에 준하는 관계인은 그 영업 또는 공개시간 내에 군사법경찰관이 군관련 범죄의 예방 또는 인명/신체와 재산에 대한 위해예방을 목적으로 그 장소에 출입할 것을 요구한 때에는 정당한 이유 없이 이를 거절할 수 없다.

③군사법경찰관(기무부대원)은 대간첩작전수행에 필요한 때에는 작전지역안에 있어서의 제2항에 규정된 장소 안을 검색할 수 있다.

④제1항 내지 제3항의 규정에 의하여 군사법경찰관이 필요한 장소에 출입할 때에는 그 신분을 표시하는 증표를 제시하여야 하며, 함부로 관계인의 정당한 업무를 방해하여서는 아니 된다.

제8조(사실의 확인등) 헌병 및 기무부대장은 직무수행에 필요하다고 인정되는 상당한 이유가 있을 때에는 국가기관 또는 공사단체 등에 대하여 직무수행에 관련된 사실을 조회할 수 있다. 다만, 긴급을 요할 때에는 소속군사법경찰관으

로 하여금 현장에 출장하여 당해 기관 또는 단체의 장의 협조를 얻어 그 사실을 확인하게 할 수 있다.

제9조(수용시설) 각급 헌병대에 법률이 정한 절차에 따라 체포/구속되거나 신체의 자유를 제한하는 판결 또는 처분을 받은 자를 수용하기 위하여 수용시설을 둔다.

제10조(군사법경찰장비의 사용 등) ①군사법경찰관은 직무수행 중 장비를 사용할 수 있다. 다만, 인명 또는 신체에 위해를 가할 수 있는 장비에 대하여는 필요한 안전교육과 안전검사를 실시하여야 한다.

②제1항의 "장비"라 함은 무기, 장구, 감식기구, 통신기기, 차량/선박/항공기등 군사법경찰의 직무수행을 위하여 필요한 장치와 기구를 말한다.

③위의장비를 임의로 개조하거나 임의의 장비를 부착하여 통상의 용법과 달리 사용함으로써 타인의 생명/신체에 위해를 주어서는 아니 된다.

④제1항 단서의 장비의 종류 및 그 사용기준, 안전교육/안전검사의 기준 등에 대하여는 대통령령으로 정한다.

제10조의2(장구의 사용) ①군사법경찰관은 현행범인인 경

우와 사형/무기 또는 장기 3년 이상의 징역이나 금고에 해당하는 죄를 범한 범인의 체포/도주의 방지, 자기 또는 타인의 생명/신체에 대한 방호, 공무집행에 대한 항거의 억제를 위하여 필요하다고 인정되는 상당한 이유가 있을 때에는 그 사태를 합리적으로 판단하여 필요한 한도 내에서 장구를 사용할 수 있다.

②제1항의 "장구"라 함은 군사법경찰관이 휴대하여 범인 검거와 범죄진압 등 직무수행에 사용하는 총기/수갑/포승/진압봉 등을 말한다.

제10조의3(분사기 등의 사용) ①군사법경찰관은 범인의 체포/도주의 방지로 인하여 자기 또는 타인의 생명/신체와 재산 및 공공시설안전에 대한 현저한 위해의 발생을 억제하기 위하여 부득이한 경우 현장책임자의 판단으로 필요한 최소한의 범위안에서 분사기(총포/도검/화약류 등 단속법의 규정에 의한 분사기와 최루 등의 작용제) 또는 최루탄을 사용할 수 있다.

제10조의4(무기의 사용) ①군사법경찰관은 범인의 체포/도주의 방지, 자기 또는 타인의 생명/신체에 대한 방호, 공무집행에 대한 항거의 억제를 위하여 필요하다고 인정되는

상당한 이유가 있을 때에는 그 사태를 합리적으로 판단하여 필요한 한도 내에서 무기를 사용할 수 있다. 다만, 형법에 규정한 정당방위와 긴급피난에 해당하는 때 또는 다음 각 호의 1에 해당하는 때를 제외하고는 사람에게 위해를 주어서는 아니 된다.

1. 사형/무기 또는 장기 3년 이상의 징역이나 금고에 해당하는 죄를 범하거나 범하였다고 의심할 만한 충분한 이유가 있는 자가 군사법경찰관의 직무집행에 대하여 항거하거나 도주하려고 할 때 또는 제3자가 그를 도주시키려고 군사법경찰관에게 항거할 때에 이를 방지 또는 체포하기 위하여 무기를 사용하지 아니하고는 다른 수단이 없다고 인정되는 상당한 이유가 있을 때

2. 체포/구속영장과 압수/수색영장을 집행할 때에 본인이 군사법경찰관의 직무집행에 대하여 항거하거나 도주하려고 할 때 또는 제3자가 그를 도주시키려고 군사법경찰관에게 항거할 때 이를 방지 또는 체포하기 위하여 무기를 사용하지 아니하고는 다른 수단이 없다고 인정되는 상당한 이유가 있을 때

3. 범인 또는 소요행위자가 무기/흉기 등 위험한 물건을 소지하고 군사법경찰관으로부터 3회 이상의 투기명령 또는 투항명령을 받고도 이에 불응하면서 계속 항거하여 이를 방

지 또는 체포하기 위하여 무기를 사용하지 아니하고는 다른 수단이 없다고 인정되는 상당한 이유가 있을 때

4. 작전수행에 있어 불순분자(무장간첩 및 테러용의자 포함)가 군사법경찰관의 투항명령을 받고도 이에 불응하는 경우

②제1항의 "무기"라 함은 인명 또는 신체에 위해를 가할 수 있도록 제작된 권총/소총/도검 등을 말한다.

③대간첩/대테러작전 등 국가안전에 관련되는 작전을 수행할 때에는 개인화기외에 공용화기를 사용할 수 있다.

제11조(사용등록의 보관) 제10조의3의 규정에 의한 분사기나 최루탄 또는 제10조의4의 규정에 의한 무기를 사용하는 경우 그 책임자는 사용일시/사용장소/사용대상/현장책임자/종류/수량 등을 기록하여 보관하여야 한다.

제12조(벌칙) 이 법에 규정된 군사법경찰관의 의무에 위반하거나 직권을 남용하여 다른 사람에게 해를 끼친 자는 1년 이하의 징역이나 금고에 처한다.

제13조(시행령) 이 법 시행에 관하여 필요한 사항은 대통령령으로 정한다.

헌병의 민간인에 대한 검문은 적법한가?

I. 현황 및 문제점

현행 검문소설치 및 운영에 관한 사항은 통합방위법에서 규정하고 있다. 과거 대통령훈령28호〈통합방위지침〉에 의거하여 간첩 등의 도발, 침투에 대비하여 운영하던 것을 통합방위법을 제정하면서 여기에 통합함으로써 현재의 검문소 설치 및 운영에 관한사항은 바로 통합방위법 제18조와 동법 시행령31조에 근거하고 있다고 할 수 있다. 문제는 군경 합동검문소의 경우, 검문 등에 있어서 경찰의 경우는 경찰관직무집행법에 근거하여 단속, 검문을 실시하지만 합동근무하는 군인의 경우 군인 또는 군무원 등 군적에 속하는 인원 이 외의 인원에 대한 검문, 단속의 경우에는 해당 근거 규정이 없다는 점이다. 과거 군사정권 시절에는 국가위

기상황의 연속선상에서 위수령 등에 규정된 사항을 바탕으로 군인의 민간인에 대한 강제력을 규정하기도 하였으나, 위수령[61]은 그 목적범위가 제한적이고 이 또한 법에 근거 없이 대통령령에 불과할 뿐이어서 현재 사문화 된 상태이다. 설사 위수령을 근기로 군인이 검문을 정당화한다고 해도 현재 군경합동검문소의 주둔 군인의 대다수가 군사법경찰관인 헌병이라는 점에서 위수령은 근무할 수 있는 자의 범위[62]에서 헌병을 제외하고 있어서 적용이 불가하다고 하겠다. 그리고 통합방위법상 규정[63]도 통합방위작전을 수행

---

61) 위수령 제1조(목적)이 영은 육군 군대가 영구히 1지구에 주둔하여 당해 지구의 경비, 육군의 질서 및 군기의 감시와 육군에 속하는 건축물 기타 시설물의 보호에 임함을 목적으로 한다.

62) 위수령 제14조 (근무요령) ① 위수근무는 주로 경비 및 순찰로써 행한다. ②위수근무에 복무하는 자는 헌병 이외의 병과의 자로써 이에 임한다.

63) 통합방위법 제15조 (통합방위작전) ⑤ 통합방위작전의 임무를 수행하는 사람은 그 작전지역에서 대통령령으로 정하는 바에 따라 임무 수행에 필요한 검문을 할 수 있다.
통합방위법 시행령 제26조 (검문절차 등) ① 통합방위작전의 임무를 수행하는 사람(이하 "작전임무수행자"라 한다)은 법 제15조제5항에 따라 거동이 수상한 사람이나 주위의 사정을 합리적으로 판단하여 거동이 수상하다고 의심할 만한 상당한 이유가 있는 사람을 정지시켜 질문할 수 있다. ② 해당 장소에서 제1항의 질문을 하는 것이 그 질문을 받은 사람에게 불리하거나 교통 또는 통합방위작전에 지장을 준다고 인정될 때에는 질문을 하기 위하여 가까운 검문소나 군부대 또는 국가경찰관서로 동행할 것을 요구할 수 있다. ③ 작전임무수행자는 제1항 및 제2항에 따라 질문을 할 때에 상대방이 흉기나 총기를 지니고 있는지를 조사할 수 있다. ④ 작전임무수행자는 제1항 또는 제2항에 따라 질문을 하거나 동행을 요구할 경우 자신의 신분, 소속, 직책 및 성명을 밝

하고 있을 때만 가능하다.[64] 물론 군사법원법 상 군사법경찰관인 헌병이 군에 관한 범죄수사에 관해서 수사활동의 일환으로 검문을 할 수 있다고 볼 수도 있으나, 실제 검문소에 근무하는 헌병은 대부분 군기 및 질서유지와 사고예방, 긴급상황 발생에 대비한 행정경찰에 관한 임무수행을 주로 한다는 점에서 군사법원법을 준용하기에는 무리가 있다.

II. 개선사항

다음과 같은 규정의 수정이 필요하다.

가. 통합방위법 제15조 (통합방위작전) ⑤ 통합방위작전의 임무를 수행하는 사람은 그 작전지역에서 대통령령으로 정하는 바에 따라 임무 수행에 필요한 검문을 할 수 있다. 〈추가〉 단, 평시 통합방위태세 외의 경우 군 관련 범죄수사

히고 그 목적과 이유를 설명하여야 하며, 동행을 요구할 때에는 동행 장소를 밝혀야 한다.

[64] 통합방위법 제2조 (정의) 이 법에서 사용하는 용어의 뜻은 다음과 같다. 3. "통합방위사태"란 적의 침투·도발이나 그 위협에 대응하여 제6호부터 제8호까지의 구분에 따라 선포하는 단계별 사태를 말한다. 4. "통합방위작전"이란 통합방위사태가 선포된 지역에서 제15조에 따라 통합방위본부장, 지역군사령관, 함대사령관 또는 지방경찰청장(이하 "작전지휘관"이라 한다)이 국가방위요소를 통합하여 지휘·통제하는 방위작전을 말한다.

및 예방, 작전지역 내의 비상사태발생에 대한 대처 및 치안 유지와 회복을 위해 군사법경찰관인 헌병에 의한 검문은 가능하다. 이때 대상은 군인 및 군무원에 한하지 않는다.(추가)

나. 통합방위법 시행령 제26조(검문절차 등) ① 통합방위 작전의 임무를 수행하는 사람(이하 "작전임무수행자"라 한 다)과 〈추가〉 통합방위사태 외의 군 관련 범죄수사 및 예 방, 작전지역 내의 비상사태발생에 대한 대처 및 치안유지 와 회복을 위해 군사법경찰관인 헌병(추가)은 법 제15조제5 항에 따라 거동이 수상한 사람이나 주위의 사정을 합리적으 로 판단하여 거동이 수상하다고 의심할 만한 상당한 이유가 있는 사람을 정지시켜 질문할 수 있다.

② 해당 장소에서 제1항의 질문을 하는 것이 그 질문을 받은 사람에게 불리하거나 교통 또는 통합방위작전에 지장 을 주거나 〈추가〉 헌병의 임무수행 제한이(추가) 인정될 때 에는 질문을 하기 위하여 가까운 검문소나 군부대 또는 국 가경찰관서로 동행할 것을 요구할 수 있다.

③ 작전임무수행자 및 〈추가〉 통합방위사태 외의 군 관 련 범죄수사 및 예방, 작전지역 내의 비상사태발생에 대한 대처 및 치안유지와 회복을 위해 군사법경찰관인 헌병(추 가)은 제1항 및 제2항에 따라 질문을 할 때에 상대방이 흉

기나 총기를 지니고 있는지를 조사할 수 있다.

④ 작전임무수행자 및 〈추가〉 통합방위사태 외의 군 관련 범죄수사 및 예방, 작전지역 내의 비상사태발생에 대한 대처 및 치안유지와 회복을 위해 군사법경찰관인 헌병(추가)은 제1항 또는 제2항에 따라 질문을 하거나 동행을 요구할 경우 자신의 신분, 소속, 직책 및 성명을 밝히고 그 목적과 이유를 설명하여야 하며, 동행을 요구할 때에는 동행장소를 밝혀야 한다.

16

군용물에 관한 범죄 시 수사관할

군용물은 군의 임무수행을 함에 있어 필요한 각종 물건 및 시설로써 군전투력과 직결된다는 점에서 그 보호의 중요성이 크므로, 특별히 군인 및 군에 속한 자가 아닌 민간인에 대해서도 군용물에 관한 범죄에 대해서는 군수사기관의 수사가 가능하다. 즉, 군용물에 관한 범죄시에는 비록 민간인이라고 하더라도 헌병의 개입이 가능하다는 것이다. 그렇다면 군용물에 관한 범죄는 대표적으로 어떠한 것이 있는지 살펴보자.

군용물에 관한 범죄라 하면, 첫째로 군용물등범죄에관한특별법 상 제2조 제2항의 1호에 제시한 표와 같은 목록물에 관한 것[65]과 2호, 3호, 4호에 열거된 (2. 「군사기밀보

---

[65] 각주 표 참조.

호법」에 따른 군사기밀에 속하는 것(비밀도서, 비밀지도 및 비밀연구기재를 포함한다) 3. 제1호에 따른 군용물을 운

분 류	세 목
화 력	개인화기(火器), 공용화기, 화포, 함포, 수중병기, 함정병기 및 사격 통제기기
특수무기	방공유도무기, 대공화기, 대전차유도무기, 지대지무기와 방공통제 장비(지상 및 함상)
기 동	전차, 장갑차, 토우차, 수륙양용장갑차, 사격통제차량, 트럭(지휘정찰, 작전연락, 장비가설, 병력 및 물자수송용), 견인차, 구난차, 통신가설차, 중장비 운반차, 군용으로 사용하기 위하여 특수제작된 차량과 트레일러로서 군용의 표지가 있는 것
일 반	발연기(發煙機), 화생방장비, 지뢰(地雷)제거장비, 도하(渡河)장비
통신전자	무선통신기, 전파기기, 다중통신장비, 항법장비, 레이더장비, 음향탐지장비, 전자전장비, 전화기(야전용), 전신기, 교환장치, 전화중계장치, 반송장치, 중계대, 시험대, 원격조정장치 및 반송전화단말장치
함 정	함정, 소해(掃海)장비, 수뢰(水雷)장비, 항해광학장비, 수중공격 및 항만방어장비
항 공	항공기, 직접 지원장비, 무장장착(武裝裝着)장비
군용 식량	군용에 공하는 쌀, 보리, 콩 및 그 가공품과 부식물(副食物)
군복류	군복(내의를 포함한다) 및 군화
군용 유류	군용으로 사용되는 휘발유, 경유, 항공유 및 등유

용하는 데 필요한 보조장비(탑재 또는 장착되는 장비를 포함한다), 수리부속품, 구성품(구성품), 부분품 및 원료로서 군용 표지(표지)가 있는 것 4. 제1호에 따른 군용물의 검사, 시험 및 정비용 장비로서 군용에 공하기 위하여 특수제작된 것) 괄호 안의 품목들을 대상으로 한 절도, 강도, 사기, 횡령 및 배임, 장물취득 알선 등에 관한 죄를 말하고, 둘째로 군복및군용장구의단속에관한법률 상 군복 및 군용장구의 제조·판매와 그 착용·사용에 관한 죄, 셋째로 군형법 상 규정된 물건인 군의 공장, 함선, 항공기 또는 전투용으로 공하는 시설, 기차, 전차, 자동차, 교량과 군용에 공하는 철도, 전선 또는 그 밖의 시설에 관한 손괴죄 등을 말한다. 이렇게 군용물에 관해서 민간인에 대한 수사와 처벌까지도 가능하도록 한 이유는 군용물에 관한 강력한 규제를 함으로써 군수품의 유출을 방지하고, 군의 품위를 유지하며 나아가 군의 임무를 효과적으로 수행하는데 기여하기 위한 것이다.

본 글에서는 그 동안 자주 행해져왔던 군용물에 관한 절도, 사기, 횡령, 부정 군복 및 군용장구 등에 관해서는 이미 많은 사례와 그에 따른 처리 및 단속이 있어왔기에 잘 다루어지지 않아왔던 분야인 군용물에 관한 손괴죄에 대해 다루고자 한다. 특히 민간인과 접촉이 많은 헌병 근무지 중의 하나인 군경합동검문소를 중심으로 다루고자 한다. 군경

합동검문소에 근무하는 군사법경찰(헌병)의 경우는 일반 군인으로만 구성된 검문소와 달리 새벽에 경찰의 불심검문 시 함께 임무를 수행하고 이 과정에서 바리케이드 등 장애물을 설치운용하는 경우가 많다. 문제는 이 장애물 등의 재산 및 관리책임이 누구에게 귀속되어 있는가이다. 실제로 검문소를 비롯한 각종 바리케이드와 장애물 등의 재산은 군용재산으로 등록되어 있고, 실제로 이에 대한 손괴, 분실책임 역시 초소장에게 주어져 있다. 그럼에도 야간 장애물 설치운용 간 민간인 음주, 과로 운전자등에 의해서 종종 장애물 등이 파손되는 경우가 있다.

혹자는 민사상 배상책임을 묻기도 하고 또는 경찰 측 주도 하에 도로교통법 위반 등의 사유를 들어서 범칙금을 납부하게 하기도 한다. 그러나 실제 자세히 따져보면 검문소에 속한 물품들의 경우는 분명히 검문소를 실제 관리하고 책임지는 군(헌병)의 주도 하에 이루어질 수 있고 또한 이루어져야 하는 처리절차라고 할 수 있다. 물론, 위와 같은 사안에서 형법상 특수손괴나 도로교통법 상 처벌례를 규정[66]하고 있으나 도로교통법 상 재물손괴의 경우는 보험가입에 따른 처벌면제 특례로 인해 처벌이 불가하고 특수손괴

---

[66] **도로교통법 제151조(벌칙)** 차의 운전자가 업무상 필요한 주의를 게을리 하거나 중대한 과실로 다른 사람의 건조물이나 그 밖의 재물을 손괴한 때에는 2년 이하의 금고나 500만 원 이하의 벌금에 처한다.

의 경우도 고의가 없는 이상 적용이 어렵다고 할 것이다. 그렇다고 군용물에 속한 물건인 바리케이드와 장애물 등에 관한 손괴를 헌병 측에서 아무런 조치를 할 권한이 없는 것일까?

그 해답은 군형법 상 손괴죄를 규정한 부분에서 찾을 수 있다. 원래 군형법은 군인 및 이에 준하는 자에게 적용되는 법이지만, 예외적인 경우에는 민간인을 군인으로 간주하여 처벌[67]할 수 있다. 즉, 군형법 제66조에서 제71조까지의 범죄에 관해서는 내국인을 군인에 준하여 처벌할 수 있는 것이다. 그 중 위의 사안에 적용될 수 있는 군에 속하는 재물인 장애물 등을 손괴할 시에 군형법 제69조에서와 같이 처벌이 가능[68]하며, 형법의 특수손괴와 달리 고의가 없다고 하더라도 처벌이 가능[69]하다. 따라서 적어도 위 재산이 군에 속한 재물로 볼 수 있고, 이에 대해 사고가 발생했다면,

---

[67] **군형법 제1조(적용대상자)** ④ 다음 각 호의 어느 하나에 해당하는 죄를 범한 내국인·외국인에 대하여도 군인에 준하여 이 법을 적용한다. 4. 제66조부터 제71조까지의 죄

[68] 군형법 제69조(군용시설 등 손괴) 제66조에 규정된 물건(군의 공장, 함선, 항공기 또는 전투용으로 공하는 시설, 기차, 전차, 자동차, 교량)과 군용 또는 군용에 공하는 철도, 전선 또는 그 밖의 시설이나 물건을 손괴하거나 그 밖의 방법으로 그 효용을 해한 사람은 무기 또는 2년 이상의 징역에 처한다.

[69] 군형법 제73조(과실범) ① 과실로 인하여 제66조부터 제71조까지의 죄를 범한 사람은 5년 이하의 징역 또는 300만 원 이하의 벌금에 처한다.

음주측정 및 면허정지·취소 등의 행정적인 제재는 차지하고서라도 형사적 제재에 있어서는 군형법에 의할 수 있고, 이에 대해 군사법경찰인 헌병의 역할은 당연히 주도적일 수 있고 주도적이어야 할 것이다.

대군 신종범죄유형 소개 (2) 『보험범죄』

사회가 어려워지고 일확천금주의가 확산되면서 그에 상응한 범죄도 증가하고 있다. 군인 역시 이에 대한 가해자 또는 피해자가 될 수 있다는 점에서 이러한 범죄와 관련이 없다고 할 수 없는데, 이러한 범죄 중 쉽게 행하고 단시일 내에 거금을 확보할 수 있는 범죄 중 대표적인 범죄가 보험관련범죄이다. 특히, 가입이 손쉽고 다중보험을 통해 생애를 통틀어 벌어들일 수 있는 금액을 쥘 수 있는 유혹 때문에 해마다 보험범죄는 줄어들지 않고 있다. 물론, 군인이 가해자로서 보험범죄를 저지르는 경우도 있지만, 외부의 민간인에 의한 피해자가 될 가능성이 더 크다. 특히 직업군인의 경우 영외활동 중 보험범죄에 노출될 가능성이 높고 만약 사고발생 시 근무 중이거나 훈련 중일 경우에 제 기간내에 필요한 조사에 참여하거나 증거확보를 할 수 없는 상황에 처하는 경우가 많다는 점에서 보험범죄에 대해 평소에 인식하고 실제 피해자가 되었을 때에는 헌병에 도움을 구하는 동시에 관련 증거를 반드시 확보하여 구제를 받을 수 있도록 해야 할 것이다. 보험범죄 유형은 〈보험업법 제4조(보험업의 허가)〉에 규정된 바와 같이 생명보험, 손해보험(화재, 운송, 자동차보험포함), 제3보험(상해, 질병, 책임보험 등)으로 나누어서 살펴볼 수 있고, 각 유형마다 세부상품이 셀 수 없이 많기 때문에 범죄유형도 그만큼 다양하다고 할 수 있다. 본 글에서는 이들 중 빈도수가 가장 많고 흔히 접할 수 있는 교통사고관련 보험범죄와 사고내용 조작의 두 가지를 살펴보도록 한다.

먼저 교통사고 보험범죄는 첫째, 가해자와 피해자의 공모에 의한 사고위장(군인과 민간인간 공모)이 있고 둘째로, 음주·역주행·신호위반·중앙선 침범차량을 고의로 충돌하여 사고(군인이 피해자인 경우)를 내는 유형이 있고 셋째로 심야에 인적이 드문 곳에서 장애물에 자차량을 충격시켜 사고를 위장(군인 자기 차량범죄)하는 경우와 보행자인 척 위장하여 자해공갈(군인이 피해자인 경우 다수)하기도 하고, 사고 운전자가 무면허 등으로 문제가 있는 경우 운전자 바꿔치기, 사고차량에 탑승하지도 않은 사람 끼워 넣어놓고 과다 보험금 청구하기, 마지막으로 보험가입 전 사고를 보험가입 후 사고로 위장(보험모집인 등 보험회사 직원과 공모)하는 경우 등이 있다. 이외에 전문자격자와 공모하는 경우가 있는데, 타인 의료보험증을 이용한 대리진단(군의관 및 개인병원의사, 병원사무장, 의무대장 등과 공모), 공문서 조작(군인의 경우는 드문 경우로 사망진단서 및 호적등본 말소후 3국으로 잠직) 및 진단서조작을 통한 보험회사에 치료비청구와 국민건강보험공단에 건강보험급여청구(군의관 및 병원의사 등), CT·MRI·엑스레이 촬영 간 촬영기사와 공모, 최근 증가하는 유형으로 당뇨병 관련 보험가입 후 일정 기간후에 병원에서 진단 시 실제 당뇨병 환자의 혈액 및 소변바꿔치기 및 혈액검사 전 설탕물 과다 복용, 척추나 관절부분에 은분 등을 발라서 CT·MRI 촬용결과를 조작하는 경우가 있다.

또한 예외적으로 방화(파산직전·철거직전 건조물) 및 고의파손(자차량보험청구목적 고의파손) 등을 통해 손해보험을 청구하는 경우가 있다. 만약 직업군인 등이 위와 같은 상황이 발생 시 보험범죄의 혐의가 의심되면 해당 헌병대에 문의 후 피해자 및 본인보험회사에 위 사실을 알리고 피해자의 전적보험조회, 금감원에 조사문의, 병원 및 의사와 사기혐의자의 관계와 방문기록 조회, 사고발생 전 과다한 보험가입이나 유사사고 전적 확인, 사고장소의 은밀성, 공범존재시 양자 간의 관계와 직업·사고발생일 당시 일정, 사고자의 태도(과도하게 해당사고 관련 처벌, 보상관련 법규정 숙지, 사고발생 직후 차에서 내려 항의, 경미한 접촉사고인 경우에도 과도한 고통호소 등)등을 살펴 기록하거나 녹음·촬영하여 헌병대에 문의 및 신고 시에 이를 제공하고 도움을 구해야 한다.

특히, 이러한 사안 발생 시 각 보험회사 및 금융감독원은 보험범죄인지를 판단할 수 있는 사고자에 대한 전적기록 및 보험가입과 사고와의 우연성을 측정할 수 있는 프로그램을 갖추고 있으므로 필요 시 이를 활용할 것을 요청하는 것이 좋다. 물론, 본인 스스로 이러한 조치를 하기에는 직업군인 신분이나 제약 상 어렵다고 보이며, 이러한 경우 해당 부대 헌병대에 필히 도움을 요청해야 한다. 이러한 사건의 경우 대부분 형사상 처벌사건으로 사기사건[70]일 뿐 아니라, 조사 시 협조적인 측면에서도 헌병의 역할이 중요하기 때문인데 그 이유는 다음과 같다.

보험사기사건의 경우 금융감독원의 역할이 상당히 중요하며 금융감독원 등은 이러한 사건에 대해 조사권한[71]이 있

---

[70] 형법 제347조(사기) ①사람을 기망하여 재물의 교부를 받거나 재산상의 이익을 취득한 자는 10년 이하의 징역 또는 2천만 원 이하의 벌금에 처한다.

[71] 보험업법 제162조(조사대상 및 방법 등) ① 금융위원회는 이 법 및 이 법에 의한 명령 또는 조치에 위반된 사실이 있거나 공익 또는 건전한 보험거래질서의 확립을 위하여 필요하다고 인정하는 경우에는 보험회사, 보험계약자, 피보험자, 보험금을 취득할 자 그 밖에 보험계약에

으나 군인의 경우 여러 가지 조사 상 제한이 있기 때문에 통상 군부대의 장과 협조를 구하여야 하며 이러한 협조 시 전문적 역량을 갖춘 조직은 해당 부대의 헌병대라고 할 수 있다. 따라서 필요한 조사에 관한 관계 행정기관과 협조[72] 시, 협소기관은 해당 부대장 예하의 헌병대가 가장 적합한 협조관계기관이라 할 것이다. 이러한 점들을 감안해서 보험 관련범죄에 평소에 주의하는 것이 중요하고 일단 발생혐의 가 있다면 신속히 헌병대에 문의하고 도움을 요청하여 추가 적인 피해가 발생하지 않도록 해야 할 것이다.

관하여 이해관계가 있는 자(이하 이 장에서 "관계자"라 한다)에 대한 조사를 할 수 있다.

[72] 금융위원회의 설치 등에 관한 법률 제67조(원장의 협조요청) 원장은 직무수행 상 필요하다고 인정하는 경우에는 행정기관 기타 관계기관 에 대하여 협조를 요청할 수 있다.

18

대군 신종범죄유형 소개 (2) 『카드범죄』

　군에서 신용카드 범죄라고 하면, 보통은 신용카드 절도 및 부정사용(절도, 위·변조된 카드 현금인출 또는 카드사용) 등의 경우가 대부분이었다. 그러나 2000년대 이후 신용카드 관련 범죄가 새로운 유형으로 전환하게 되고 주 5일제에 따른 공식휴일이 증가하면서 군인들의 대외활동이 늘어나고 마일리지 및 복지카드 등의 혜택으로 인해 단체적으로 발급되는 카드사용 증가로 인해서 신용카드에 대한 범죄에 노출될 위험성이 갈수록 커져가고 있다. 다음은 이러한 위험을 예방하는 차원에서 주로 횡행하는 신용카드 범죄 중 피해자들이 피해여부를 즉각 알아차리지 못하여 발생할 수 있는 범죄 및 피해자들이 공동으로 동조하여 발생하는 제한적인 범죄를 제시하였다. 먼저, 신용카드 위조 및 변조에 따라 위치추적이 불가능하거나 범인구속이 어려운 제3국에서 카드결제를 하는 경우인데 보통 엠보싱기를 사용하여 카드 앞

면의 각종 정보를 위조하거나 카드 뒷면의 자기띠 부분을 위조 또는 카드실물자체를 제작하는 수법의 범죄가 있는데, 쉽게 노출될 수 있는 수법으로는 최근 가맹점의 증가에 따라 자동으로 자기띠 부분의 정보를 읽어 들이는 카드조회기와 이지체크기의 보급으로 인한 자기띠 위조를 들 수 있다.

특히, 군인들의 경우 가맹점의 이용이 잦을 수밖에 없고 현금인출이 어려운 지역에 근무하는 군인의 경우 카드를 이용해 결제하는 경우가 많은 관계로 이러한 범죄에 대한 노출의 수위는 더 높다.

보통 자기띠의 위조는 불법적으로 취득한 제3자의 신용카드정보를 인코딩기기 등을 이용하여 공(空)카드의 자기띠에 입력하는 방법으로 이루어지는데, 위조에는 카드 자기띠의 트랙정보를 읽어들이는 카드판독기(Card Reader), 읽어들인 카드정보를 컴퓨터에 변환시켜 저장할 수 있는 프로그램, 카드정보를 공카드에 입력하는 인코딩기(또는 라이터기) 등이 필요하며, 최근에는 카드리더기와 인코딩기가 하나로 결합된 일체형 복제기까지 사용(현재 국내에서는 10여개 업체가 카드리더기 및 라이터기를 생산하고 있으며, 세운상가 또는 용산 상가 등지에서 대당 300만원~800만원의 가격으로 암거래)되고 있는 실정이다.

그러나 군이 불법취득이 아닌 방법도 늘어나고 있고 특

히 외부와의 연락이 드물고 카드사용에 대한 조회 수가 적은 군인들이 타깃이 될 가능성이 큰데, 카드정보 취득방법으로는 먼저 신용카드회사 직원으로부터 신용카드정보를 빼돌리거나 이렇게 빼돌린 정보를 가진 전문중개상을 통해 신용카드정보를 매입하는 방법으로 취득하거나 불법가맹점(카드깡업체, 유흥업소 등)을 통해 취득 또는 카드깡업체, 유흥업소 등지에서 대출광고 등을 통해 자신의 사무실에 찾아오는 이용자나 업소 손님(카드회원)의 신용카드를 가지고 카드조회를 하는 척 하면서 카드판독기에 통과시켜 취득하는 수법이 쓰이고 정상적 가맹점에 아르바이트생을 고용하여 이들을 위장취업 시킨 후 이들에게 카드판독기를 주어서 카드회원 몰래 카드정보를 취득하는 경우도 있다.

이는 〈사문서위조 및 변조와 행사죄〉, 〈사기죄〉, 〈여신전문금융업법 상의 70조 1항〉에 의해 7년 이하의 징역이나 5천만 원 이하의 벌금에 처해진다. 물론 이와 같이 피해자와 가해자가 다른 카드범죄 외에도 피해자가 가해자의 범죄의사를 인식하면서 범하는 범죄도 있다. 소위, 카드대납이라고 불리는 범죄로 과도한 카드사용으로 밀린 연체대금을 대신 납부해주고서 이에 대한 변제조로 과도한 수수료와 이자를 수수하는 경우인데, 피해자가 정해진 결제기간 내에 대금을 납부하지 못하여 신용불량자로 전락할 위험을 악용하여 행해지는 범죄라고 할 수 있다. 이는 〈대부업의 등록 및 금융이용자보호에 관한 법률〉상 대부업 등록도 되어있지 않은 상태에서 행해지는 경우가 태반이고 고액이자수수 위반의 경우가 대부분이다. 이와 비슷한 경우이지만 형태가 다른 경우로 일명 '카드깡'(카드할인행위)이라고 불리는 범죄가 있는데, 이는 실제 물품 판매나 용역제공도 없이 신용카드에 의한 거래를 가장해서 현금을 융통하는 경우로 이에 대해서는 〈여신전문금융업법 제70조 2항〉에 의해 3년 이하 징역이나 2천만 원 이하 벌금에 처해진다. 보통 카드고민해결 등으로 광고하며 찾아오는 고객들을 대상으로 허위가맹점을 이용해 물품을 판매한 것처럼 결제하고 결제대금을 카드회사에 청구하고 결제대금보다 적은 현금을 피해자에게 제공하는 방식을 사용하며 요즈음은 인터넷가맹점들이 다수 생겨나면서 격오지 근무 군인들의 인터넷결제에 따른 이와 같은 악용의 유혹이 높아질 수 있다.

카드깡 업체 중 상당히 지능범의 경우는 실제 물품을 정식 가맹점에서 결제하여 구매 후 이를 재판매하여 수수한 금액 중 수수금액을 제하고 현금할인행위를 하는 경우도 있다. 이러한 경우는 딱히 처벌할 근거법률이 없어 더욱 심각한 경우이라고 할 수 있다.

이외에도 수많은 카드관련 범죄가 존재하고 신세대 군인

들의 소비성향과 한탕주의, 군조직의 집중화와 분산된 군부대 축소 및 응집으로 도시와의 거리가 근접해지며 군사보호구역의 해제 및 개발로 상업체들과의 접촉이 늘어가는 상황에서 이러한 범죄에 노출될 위험을 갈수록 커져간다고 할 수 있다. 이런 때일수록 안전예방활동을 통한 사전방지의 필요성을 더 크다고 할 수 있고 헌병의 역할이 갈수록 중요해져 간다고 할 수 있겠다. 또한 이러한 경제범죄 유형에 대한 상담을 상시 할 수 있도록 일반 부대원들과의 소통의 중요성도 큰 만큼 헌병전문인력확보와 확충에 대한 지원도 크다고 할 수 있겠다.

대군 신종범죄유형 소개 (3)『금융범죄

경기불황에 따른 각종 금융범죄가 기승을 부리는 요즈음, 군 역시 예외라고 할 수 없을 정도로 각종 금융범죄에 노출되어 있다. 특히, 불법대출과 추심 및 유사수신피해와 다단계에 의한 범죄 피해자로 군인들이 노려지는 것은 오직 국가를 위한 헌신적인 임무수행에 전념하는 숭고한 신념과 뜻을 무색하게 한다는 점에서 심각한 범죄라고 하지 않을 수 없다. 여기에는 몇 가지 대표적인 금융범죄행위들을 나열하여 피해예방을 하는 데 일조하였으면 한다. 우선, 가장 흔한 피해사례는 불법대부업자에 의한 대출과 고액이자변제인데, 집안사정이나 큰 사고 등으로 급박하게 목돈이 필요한 경우 특히 초급간부들의 경우 담보재산이나 신용등급이 낮아서 금융기관에서 대출을 받기가 쉽지 않아 사적 대부업체를 찾는 경우가 있다. 문제는 이러한 대부업체들 중 상당수가 무등록업체라는 점이며, 법률로 정해진 초과금액의 이자율을 변제하도록 대부한다는 점에 있다. 현재 대부업에 관해서는 〈대부업 등의 등록 및 금융이용자 보호에 관한 법률〉등록을 필하도록 규정[73]하고 있고, 혹여나 최초등록기록이 존재하더라도 동법 『3조 ⑤ 제1항에 따른 등록의 유효기간은 등록일부터 3년으로 한다.』고 규정하여 3년 후 갱신이 없이 불법으로 운영하여 당국의 감시를 회피하는 경우가 많다. 특히, 고의로 과도한 금액을 대부[74]하여 주고서, 연 100%를 상회하는 고액이자를 물리는 경우가 대부분인데 이는 동법을 위반[75]한 것이고, 이자범위는 명목이 무엇이든 모두 포함한다[76]. 특히, 대부시에 차후 이자금액을 선불한다는 명목으로 먼저 일정금액을 차감하고 나머지만을 대부

---

73) 대부업 등의 등록 및 금융이용자 보호에 관한 법률 제3조(등록 등) ① 대부업 또는 대부중개업(이하"대부업등"이라 한다)을 하려는 자(여신금융기관은 제외한다)는 영업소별로 해당 영업소를 관할하는 특별시장·광역시장·도지사 또는 특별자치도지사(이하 "시·도지사"라 한다)에게 등록하여야 한다.

74) 대부업 등의 등록 및 금융이용자 보호에 관한 법률 제7조(과잉 대부의 금지)② 대부업자는 거래상대방의 소득·재산·부채상황·신용 및 변제계획 등을 고려하여 객관적인 변제능력을 초과하는 대부계약을 체결하여서는 아니 된다.

75) 대부업 등의 등록 및 금융이용자 보호에 관한 법률 제8조(대부업자의 이자율의 제한) ① 대부업자가 개인이나 대통령령으로 정하는 소규모 법인에 대부를 하는 경우 그 이자율은 연 100분의 50의 범위에서 대통령령으로 정하는 율을 초과할 수 없다.

76) 대부업 등의 등록 및 금융이용자 보호에 관한 법률 제8조(대부업자의 이자율의 제한) ② 제1항에 따른 이자율을 산정할 때 사례금, 할인금, 수수료, 공제금, 연체이자, 체당금(替當金) 등 그 명칭이 무엇이든 대부와 관련하여 대부업자가 받는 것은 모두 이자로 본다.

하는 경우가 있는데, 이러한 경우 선차감한 금액도 이자에 포함된다. 또한 채권추심을 하는 경우에 불법행위[77]를 해서는 안 되고, 이를 위반 시에는 5년 이하의 징역이나 5천만 원 이하 벌금 및 3년 이하 징역, 3천만 원 이하 벌금[78]에 처해진다. 다음으로, 유사수신행위에 의한 피해인데, 이를 『유사수신행위의 규제에 관한 법률』 유사수신행위[79]는 법

---

[77] 채권의 공정한 추심에 관한 법률 제9조(폭행·협박 등의 금지) 채권추심자는 채권추심과 관련하여 다음 각 호의 어느 하나에 해당하는 행위를 하여서는 아니 된다. 1. 채무자 또는 관계인을 폭행·협박·체포 또는 감금하거나 그에게 위계나 위력을 사용하는 행위 2. 정당한 사유 없이 반복적으로 또는 야간(오후 9시 이후부터 다음 날 오전 8시까지를 말한다. 이하 같다)에 채무자나 관계인을 방문함으로써 공포심이나 불안감을 유발하여 사생활 또는 업무의 평온을 심하게 해치는 행위 3. 정당한 사유 없이 반복적으로 또는 야간에 전화하는 등 말·글·음향·영상 또는 물건을 채무자나 관계인에게 도달하게 함으로써 공포심이나 불안감을 유발하여 사생활 또는 업무의 평온을 심하게 해치는 행위 4. 채무자 외의 사람(제2조제2호에도 불구하고 보증인을 포함한다)에게 채무에 관한 거짓 사실을 알리는 행위 5. 채무자 또는 관계인에게 금전의 차용이나 그 밖의 이와 유사한 방법으로 채무의 변제자금을 마련할 것을 강요함으로써 공포심이나 불안감을 유발하여 사생활 또는 업무의 평온을 심하게 해치는 행위 6. 채무를 변제할 법률상 의무가 없는 채무자 외의 사람에게 채무자를 대신하여 채무를 변제할 것을 반복적으로 요구함으로써 공포심이나 불안감을 유발하여 사생활 또는 업무의 평온을 심하게 해치는 행위

[78] 채권의 공정한 추심에 관한 법률 제15조(벌칙) ① 제9조제1호를 위반하여 채무자 또는 관계인을 폭행·협박·체포 또는 감금하거나 그에게 위계나 위력을 사용하여 채권추심행위를 한 자는 5년 이하의 징역 또는 5천만 원 이하의 벌금에 처한다. ② 다음 각 호의 어느 하나에 해당하는 자는 3년 이하의 징역 또는 3천만 원 이하의 벌금에 처한다. 1. 제9조제2호부터 제6호까지를 위반한 자

[79] 유사수신행위에 관한 법률 제2조(정의) 이 법에서 "유사수신행위"란 다

률에 규정된 행위와 유사한 사항을 모두 포함한다. 특히, 사적인 모임에서 만들어진 계모임 또는 개인적인 친분관계 등을 통해서 보험성 자금모집 또는 투자금명목으로 자금을 모집하는 행위들이 그러하다. 많지 않은 월 소득과 고된 훈련으로 인해 피폐해진 군인들의 빈틈을 노려 행하는 전형적인 사기성 범죄라고 하겠다. 실제로 유사수신행위에 의해서 모집된 자금은 대부분 자금 모집자가 도피하는 등 사기행각을 벌이게 됨으로써 피해자를 양산하는 경우가 허다하다. 마지막으로는 격오지에 근무하는 군인 또는 군가족에게 접근하여 쉽게 돈을 벌 수 있다는 유혹을 통해 범죄를 저지르는 경우인데, 일명 "방문판매, 전화권유판매, 다단계판매, 계속거래 및 사업권유거래"등으로 불린다. 피라미드형 조직범죄로써 대부분 3단계 이상의 조직분계선을 이용해 하부조직으로 이어질수록 기하급수적인 피해자를 양산하는 특징이

른 법령에 따른 인가·허가를 받지 아니하거나 등록·신고 등을 하지 아니하고 불특정 다수인으로부터 자금을 조달하는 것을 업(業)으로 하는 행위로서 다음 각 호의 어느 하나에 해당하는 행위를 말한다. 1. 장래에 출자금의 전액 또는 이를 초과하는 금액을 지급할 것을 약정하고 출자금을 받는 행위 2. 장래에 원금의 전액 또는 이를 초과하는 금액을 지급할 것을 약정하고 예금·적금·부금·예탁금 등의 명목으로 금전을 받는 행위 3. 장래에 발행가액(發行價額) 또는 매출가액 이상으로 재매입(再買入)할 것을 약정하고 사채(社債)를 발행하거나 매출하는 행위 4. 장래의 경제적 손실을 금전이나 유가증권으로 보전(補塡)하여 줄 것을 약정하고 회비 등의 명목으로 금전을 받는 행위

있다. 이에 대해서는 방문판매 등에 관한 법률에 규정[80]되어 있고, 우리가 흔히 알고 있는 실제 방문판매형태(정수기, 문제지 등)는 신고, 등록된 자에 한해서는 합법적이고 문제가 없다. 그러나 문제는 법에서 규정한 방문판매가 아닌 금지행위를 하는 데에 있다.

특히, 군인과 함께 거주하는 가족 등에 대해 드문 경우이지만, 남편의 부담을 덜어보려는 욕심에 방문판매를 시작하는 가족 등이 피해자가 되는 경우가 많은데, 동법 11조에 규정된 금지행위에 해당하는 회원가입비 거출, 본인 외 판매인 모집종용 등의 행위를 시켜서 피해자임에도 또한 가해자가 됨으로써 두 번의 피해를 입게 하는 경우가 있다. 다단계의 경우에는 동법 13조(다단계판매업자의 등록 등)에 의해 공정위나, 해당 특별시나 광역시 등에 등록이 되어있어야 함에도 무등록 운영을 하는 경우가 대부분이고 이러한 경우에 또한 불법 다단계행위를 통해 피해자를 양산한다.

특히 동법 15조(다단계판매원)에는 국가공무원의 경우는 판매원이 될 수 없도록 규정하고 있고, 이를 위반 시에는

---

80) 방문판매 등에 관한 법률 제5조(방문판매업자등의 신고 등) ①방문판매업자 또는 전화권유판매업자(이하 "방문판매업자 등"이라 한다) 는 상호·주소·전화번호·전자우편주소(법인인 경우에는 대표자의 성명, 주민등록번호 및 주소를 포함한다) 그 밖에 대통령령이 정하는 사항을 대통령령이 정하는 바에 따라 공정거래위원회 또는 시장·군수·구청장(자치구의 구청장을 말한다. 이하 같다)에게 신고하여야 한다.

군인의 경우 겸직금지의무위반으로 인한 처벌 뿐 아니라, 동법55조(벌칙) 4호에 의해 1년 이하의 징역 또는 3천만 원 이하의 벌금에 처해지게 된다. 실제 동법23조(금지행위)에 규정된 바와 같이, 다단계업자들은 피해자들을 이용해서 가입비를 거출하고, 다른 수많은 피해가입자들을 가입하게 하여 기하급수적인 가입비를 모아 그 중 각 가입인원 당 성과급을 지급함으로써 피해자 자신도 모르게 가해자로 둔갑시키게 된다. 그리고 실제 정점에 있는 최초 가해자가 모든 가입비의 대부분을 독식하게 된다. 물론 실제 피해가능사례는 더욱 많지만, 위의 점들을 감안하여 사전에 조심하고 만약 이러한 범죄의 시도가 있거나 실제 피해를 입었다면, 경제범죄의 일환으로 간주하고 신속히 헌병에 문의하고 도움을 청해야 할 것이다.

대군 신종범죄유형 소개 (4) 『주식사기』

최근 주식투자는 일반인들에게 상당히 널리 퍼진 투자방식의 하나가 되었다. 물론 여기에는 군인들의 경우에도 예외는 아니다. 문제는 일반인들에게 존재하는 위험들이 주식시장에서 공개가 되지 않는다는 점이다. 특히, 새롭게 등장하고 있는 무자본 M&A방식의 작전세력들은 현재의 금융당국의 감시망에 걸려들기가 매우 어렵고 현재 법규상 제대로 감시할 수도 없는 노릇이기에 그 위험성은 더욱 크다고 하겠다. 그렇다면 새롭게 등장한 그 위험이라는 것이 무엇인지에 대해 살펴보도록 하자. 현재 주식시장에 관한 통제 법률은 자본시장과 금융투자업에 관한 법률이 존재하고 있고 이 법률에 의거하여 주식시장에 대한 감독 및 통제를 하는 기구로서 국내에는 금융감독원과 한국거래소가 존재하고 있다. 문제는 그 동안의 감독 및 감시는 대부분 주식시장에서 이루어지는 금융투자업자에 대한 통제 및 주가조작과 불법

거래에만 초점이 맞추어져 왔다는 것이다. 실제로 자본시장
법상 규제내용은 다음에 국한되어 있다.

Ⅰ. 금융투자업자에 대한 통제

자본시장법 제30조(재무건전성 유지) ①금융투자업자(겸
영금융투자업자, 그 밖에 대통령령으로 정하는 금융투자업
자를 제외한다. 이하 이 조에서 같다)는 제1호의 합계액에
서 제2호의 합계액을 뺀 금액(이하 "영업용순자본"이라 한
다)을 금융투자업자의 자산 및 부채에 내재하거나 업무에
수반되는 위험을 금액으로 환산하여 합계한 금액(이하 "총
위험액"이라 한다) 이상으로 유지하여야 한다.

1. 자본금·준비금, 그 밖에 총리령으로 정하는 금액

2. 고정자산, 그 밖에 단기간 내에 유동화가 어려운 자산
으로서 총리령으로 정하는 자산

Ⅱ. 주가조작 및 불법거래 등의 통제

자본시장법 제34조(대주주와의 거래 등의 제한) · 제35조
(대주주의 부당한 영향력 행사의 금지) · 제54조(직무관련

정보의 이용 금지) · 제174조(미공개중요정보 이용행위 금지) · 제176조(시세조종행위 등의 금지) · 제178조(부정거래행위 등의 금지)

따라서 위의 유형 이익의 방식에 대해서는 통제장치가 전무한 것이 사실이다. 문제는 위의 유형들의 경우는 이미 감시와 통제가 상당 부분 이루어지고 있고 파급효과 상 소액투자자들에게 그 위험성이 적은 반면, 실제로 가장 많이 존재하고 있는 무자본 M&A방식 작전(외부 사채에 의한 소규모 회사 인수 및 합병 후 인수한 회사의 자본금을 유령회사에 투자하는 방식으로 횡령·배임 후 상장폐지)에 대해서는 아무런 통제장치가 없다는 점이다. 일단, 법률상으로 감시 및 통제할 근거가 부재할 뿐 아니라, 횡령 및 배임으로 고소·고발을 하고자 해도 회사 내부 자료를 증거로 확보하지 않은 이상, 접근이 쉽지 않고 상장폐지 후에는 주범들은 이미 외국으로 도피한 경우가 대부분이기 때문에 애꿎은 소액투자자들만 손해를 보고 있는 실정이다. 특히, 외부환경에 접촉이 잦지 않고 금융소식에 어두울 수밖에 없는 군인 등의 경우에는 이러한 방식의 작전세력에 의해 노려지는 대표적인 피해대상자라고 할 수 있다. 비록, 현재까지 사전예방조치가 어렵기 때문에 별다른 대책을 제시할 수는 없으나, 일단은 불확실한 주식거래를 지양하고 굳이 거래를 하고자 한다면 거래하고자 하는 코스닥 시장의 주식회사 경영진이 자주 교체되거나 자본금의 유동이 심한지 등을 살펴보는 것이 예방의 한 방책이라고 할 것이다.

군사법기관 상호견제의 필요성 · 한계점

I. 서론

최근 검∞경 수사권 조정 문제가 사법개혁의 핵심쟁점의 하나로 부각되고 있는 분위기상에서 비록 수사절차상 형사소송법과 달리 군사법원법상 각각 수사개시권이 부여된 군검찰과 군사법경찰관의 관계가 검경의 지휘관계와 같다고 할 수는 없지만 일부 군사법원법의 취지를 이해하지 못하는 이들로 인해 군사법원법 해석을 곡해하고 심지어 대통령령이나 훈령 등을 통해 군검찰과 군사법경찰의 관계를 마치 지휘관계인 것인 마냥 규정하도록 조치한 현실에서 반드시 짚고 넘어가야 할 점들에 관해 소개하고자 한다. 우선 검경 수사권 조정과 관련하여 살펴보도록 한다.[81] 사법개혁위원

---

81) 2011. 4. 21. CBS 사회부 〈검경 수사권 조정〉 기사발췌.

회가 추진하는 과제 중 검경수사권에 관해 경찰은 지난달 국회 사법개혁특별위원회에 제출한 '사개특위 합의안 관련 경찰 입장 설명'에서 "검사가 직접 수사를 하고 경찰 수사에 대해서는 수사지휘를 하는 방법으로 수사 일선에 깊숙이 발을 담그고 있는 관계로는 공정하고 객관적인 통제자로서의 역할 수행이 곤란하다"고 주장한 바 있다.

특히 "검사는 명실상부한 통제자로 자리매김하고 있지만 정작 막강한 통제자를 견제할 장치는 없어 검찰과 그 주변의 부패척결이 곤란하다"며 『스폰서 검사』 사건을 검찰 부패의 대표적인 사례로 꼽았으며 이어서 "스폰서 검사 사건에서와 같이 견제나 통제도 받지 않은 검찰이 자정능력마저 상실하게 되면 검찰 내부에 부패가 성역처럼 고착화될 수 있다"면서 경찰을 검찰을 감시·견제하는 대등한 국가기관으로 끌어올리기도 하였다. 특히 경찰청이 위와 같은 주장의 근거로 제시한 『공무원 범죄 관련 검찰수사 실태』[82]를 보면 최근 5년 동안 검찰청 소속 공무원의 직권남용이나 뇌물수수 등 직무 관련 범죄 기소율은 1.3%에 불과해 다른 정부기관 직무 관련 범죄 평균 기소율이 36.9%에 훨씬 못 미쳤다는 점을 분명히 하고 있다. 이에 대해 경찰은 검찰 직원 기소율이 낮은 이유가 청렴하거나 깨끗해서가 아니라

---

82) 2010년 법무부 국감자료.

"검사 독점적 수사구조로 인한 성역화의 병폐" 때문이라는 분석도 내놓았다. 그렇다면 과연 군수사기관간의 관계가 이러한 현실의 흐름에 대해 어떻게 반응하고 있을까? 안타깝게도 군의 경우는 이러한 거시적인 흐름에 역행하는 구조로 흘러가고 있는 것으로 보인다. 본 글에서는 이러한 역행의 흐름에 관하여 주로 쟁점이 되고 있는 사항을 위주로 제시하고자 한다.

II-1. 군법무관의 지위에 관한 문제[83]

ⅰ. 2008년 최근 결정문에서 군법무관의 지위를 명확히 한 바가 있어 제시하고자 한다. 헌재결정 〈헌재 2008.05.29, 2006헌마170〉의 결정요지를 통해서 이를 살펴본다.

【결정요지】 1. 군법무관의 봉급과 그 밖의 보수에 관하여 법관 및 검사(이하 '법관 등'이라 한다)의 '예에 준하여' 정하도록 시행령에 위임하고 있는 '군법무관임용 등에 관한 법률'(이하 '군법무관임용법'이라 한다) 제6조의 취지는 보수에 관하여 군법무관과 법관 등을 동일하게 취급할 것을 명

---

83) 헌재 2008.05.29, 2006헌마170, 2009구합14781.

한 것이 아니라 법관 등의 직무와 품위에 상응하도록 법관 등의 보수를 일반공무원에 비하여 우대하는 예에 준하여 군법무관의 보수 역시 그들의 직무와 품위에 상응하도록 일반공무원에 비하여 우대함으로써 법관 등의 보수와 엇비슷한 수준에 이르게 하는 내용으로 된 시행령의 입법을 요구하는 것으로 봄이 상당하고, 행정부는 군법무관에 대한 보수를 시행령으로 정함에 있어 군법무관을 일반공무원에 비하여 우대함으로써 법관 등의 보수와 엇비슷한 수준으로 하는 한도 내에서는 군법무관의 업무의 성격, 군 조직의 특성 및 다른 군인들과의 형평성 등을 두루 참작하여 구체적인 보수액은 물론 이를 봉급과 수당에 어떻게 배분할 것인지를 적절하게 정할 수 있는 재량권을 가진다.〉고 하여, 군법무관의 지위가 법관과 검사와 동급이 아님을 천명하고 있고, 다음으로 〈3. 국토방위 및 전투의 목적으로 조직된 군대의 기강확립을 주된 사명의 하나로 하는 군법무관과 국민의 권리보장 및 국가의 법질서 유지를 주된 업무로 하는 법관 등은 직무의 곤란성과 책임의 정도에 따라 정해지는 직급이 동일하다고 볼 수 없으므로, 군법무관의 직급보조비를 법관 등과 달리 군인으로서의 계급에 따라 정하는 것이 청구인들의 재산권을 침해한다고 할 수 없다.〉라고 하여, 군법무관은 법관이나 검사가 아닌 군인으로서의 복무를 수행한다고

명시하여 주된 사명을 국토방위 및 군 기강확립지원으로 한
정하고 있다.

ii. 서울행정법원 행정3부 2010년 4월 23일 판결(2009구
합14781)에서 군법무관 시모 씨, 박모 씨 등 6명이 육군참
모총장과 국방부 장관 등을 상대로 낸 파면처분 등 취소
소송에서 "상관의 지시나 명령이 기본권의 제약을 내용으로
하는 경우에도 특별한 사정이 없는 한 이를 함부로 거부할
수 없다"고 판단했다. 아울러 "기본권을 침해했다는 이유로
헌법소원을 제기한다면 그 자체로 군 내부의 특수한 권력관
계 유지를 위한 지휘관의 정당한 지휘권 행사에 지장을 초
래할 수 있다"고 밝혔다. 이어서 재판부는 "군인은 비인간
적 최악의 상황에서 최대 전투력을 보존·발휘할 필요가 있
고, 이를 위해서는 강력한 지휘 및 통솔체제 유지는 필수
적"이라며 "군법무관도 이러한 특수집단의 구성요소"라고 밝
혔다.

특히 재판부는 법무관들의 소송 절차와 태도를 문제 삼
았다. 재판부는 "군에 유익한 의견이 있을 때는 지휘계통에
따라 상관에 건의를 할 수도 있고, 잘못된 것을 시정하려고
할 경우에도 적절한 내부절차를 거쳤어야 한다"고 지적했
다. 이와 같은 법원의 판결은 군법무관의 지위는 특수한 무

엇이 아니라, 군의 구성원으로서 명령과 군기에 의해 통제되는 군인이라는 점을 분명히 한 것으로 해석되고 이에 따라 군법무관은 다른 군인과 마찬가지로 항상 상관의 명령을 최우선으로 놓고 행동거지를 판단해야한다는 점을 명심해야할 것이다.

II-2. 주요 쟁점 사항[84]

가. 군사법원법 제45조

현재 군사법원법 제45조의 군사법경찰관의 직무상 상관은 누구인가에 관한 해석을 놓고 군검찰관측의 해석과 군사법경찰관 측의 입장은 상이하다. 직무상 상관을 소속 부대의 장이라고도 하고 혹은 범죄수사에 관하여 군검찰관이라고도 한다. 사실 이에 관해서는 역사적 연원을 안다면 의외로 쉽게 해답을 찾을 수 있는 사항이다.[85] 원래 1962년 군

---

84) 군수사절차의 주요쟁점, 강은애, 2011. 2. 22. 마이다팟. 제4편 참조.

85) 2011년 대한민국 국회 법령검색 서비스 〈군사법원법〉 연혁참조.

법회의법을 제정할 때, 군법회의법(1962년) 제37조에서는 검찰관은 수사의 권한 자체가 없었다. 단지 검찰관의 직무는 공소제기와 그 유지에 불과하였던 것이다. 또한 당시 동법 제45조에는 최초부터 군사법경찰관의 직무상 상관에 복종이라는 명문의 규정이 기록되어 있었다. 즉, 군사법경찰관의 직무상 상관이란 본래 군검찰관이 아니라 해당 소속 부대장을 염두에 두고 제정한 규정이라고 할 수 있는 것이다. 그럼에도 불구하고 일부 군검찰관들은 군사법원법의 특성을 일반 형사소송법과 동일하다고 오해하여 일반검사와 경찰의 직무상 지휘복종 관계라고 주장하고 있다. 물론 2000년대 초반 군사법개혁 파동사건 이후 이에 대한 각종 연구와 논의 끝에 대한민국 군사법체계의 특성이 밝혀지면서 이러한 주장은 잠시 주춤한 상태이다. 그리고 현재는 일단 더 이상의 마찰을 피하자는 측면에서 군사법원법상 〈수사〉 부분 중 세부적인 분야인 영장청구 및 수사종결, 검시, 판결집행 등과 같이 일부분에 한하여 직무상 지휘를 할 수 있다고 해석하고 있다. 그러나 군수사체계에 관한 지속적인 개혁시도는 현재에도 계속되고 있다. 이미 지난 2000년대 이후부터 군사법원법의 전면적인 개정을 위해 조직적인 차원에서 각종 대통령령과 훈령 등을 통해 점진적으로 군검찰관의 지위를 격상시키고 있고, 군사법경찰관에 대한 통제장

치를 명문화하고자 시도하고 있다.[86)]

나. 군검찰사무운영규정 제2조의 3

우선 군검찰사무운영규정을 살펴보면 제2조의 3(중요사건)에서 "법(군사법원법) 제36조 제5항의 규정에 의하여 국방부 또는 각군본부의 보통검찰부에서 관할할 수 있는 중요사건이라 함은 다음 각 호의 1에 해당하는 사건을 말한다. 3. 군판사·검찰관·군사법경찰관·군사법원직원 또는 군검찰부직원에 대한 피의사건"과 같이 군검찰관의 수사범위에 대해 군사법경찰관을 포함하는 사항을 명문으로 규정하고 있다. 그러나 반대로 군사법경찰관의 수사범위에 관해서는 군검찰관이나 군판사에 대해 수사할 수 있는 법적 근거가 명문으로 제시되어 있지 않다. 물론 일반적인 수사라는 측면에서 수사대상에 포함할 수 있다고 해석할 수도 있지만, 명문의 규정이 없는 상태인데다가 국방부 내부 규정에 의하면 군검찰관 등 법무관에 대한 체포, 구속 등에 대해서는 해당 군 참모총장 및 국방부장관의 승인 하에서만 가능한 현실에서 과연 군사법경찰관이 군검찰관 등에 대해 수사를 할 수 있을지는 의문이다. 더구나 군검찰관 및 군판사의

---

86) 군검찰사무운영규정, 군검찰사건사무규칙 참조.

소속이 모두 법무병과라는 점에서 같은 법무조직원들에 대해 공정한 수사가 가능한지에 대한 의문이 들고 지난 2008년 해군 군납비리 사건 및 2009~2010년 군검찰단 과학수사장비 관련 비리 사건 등 외부에 드러난 굵직한 사건[87]에서 군검찰이라는 조직이 당시 사건을 수사하면서 내부 조직비호 및 사건은폐 등의 모습을 보인 점을 감안한다면 위와 같은 우려가 결코 기우에 불과한 것이 아님을 알 수 있다.

또한 서론에서 언급한 경찰이 제시한 검찰의 부패현실을 떠올리게 하기에 충분하고도 남음이 있다고 할 것이다. 따라서 이에 대해서는 반드시 상호 견제가 가능하도록 군사법원법 상 군사법경찰관의 수사범위에 대상을 규정하여 수사대상에 「군판사・검찰관・군사법경찰관・군사법원직원 또는 군검찰부직원에 대한 피의사건」의 내용을 포함시키거나 군사법경찰관 사무운영규정 등을 신설하여 이와 같은 내용을 반영하여야 할 것이다.

다. 군검찰사무운영규정 제4조

다음으로 군검찰사무운영규정 제4조(군사법경찰관리의 파

---

87) 2011. 2. 26. 경향신문. M. hong 〈군수사기관 비리사건〉 참조.

견)의 문제인데 이 규정에서 "검찰관은 군사법경찰관에게 수사를 보조할 군사법경찰관리의 파견을 요구할 수 있다." 라고 규정하고 있다. 군검찰관이 동급 수사기관인 군사법경찰관에 대한 파견만을 규정하고 있고 반대로 군사법경찰관의 경우에는 적용 규정이 없다. 사실 군사법경찰관 입장에서도 법률 검토 등을 위한 군검찰관 파견이나 수사관 인력 보충 차원에서 군검찰 소속 수사관 파견을 요청할 필요가 있음에도 현실에서는 어느 규정에도 이러한 내용은 반영되고 있지 못하다. 따라서 이에 대해서도 군사법원법상 『수사기관의 파견』 조문을 추가하여 군검찰관 및 군사법경찰관의 상호 인력파견 규정을 신설하거나 군사법경찰관 사무운영규정을 제정하여 이러한 내용을 반영할 필요가 있다고 할 것이다.

라. 군검찰사건사무규칙 제162조 제2항

다음은 군검찰사건사무규칙의 내용 중 제162조(내사사건·진정사건의 처리 등)에서 "② 검찰관은 다음 각 호의 구분에 따라 진정사건을 처리하여야 한다."의 규정 세부사항 중 제5호에 관한 문제이다. 규정 내용을 보면 "5. 다른 기관 이첩 / 군사법경찰관리가 조사 중이거나 군사법원, 군검찰부 또는 검찰청 외의 다른 기관의 소관 사항에 관한 것인 경우. 이 경우 군사법경찰관리가 조사 중인 때에는 검찰관이 지휘사항을 명시하여 군사법경찰관에 보내고, 군사법원, 군검찰부 또는 검찰청 외의 다른 기관의 소관사항에 관한 것일 때에는 해당 기관에 이첩한다."의 규정이다. 수사지휘의 경우는 한정적인 것으로 영장에 관한 사항, 검시에 관한 사항, 법원 판결 집행에 관한 사항 등으로 규정[88]되어 있다. 그럼에도 불구하고 군검찰관이 군사법경찰관에 대해 행할 수 있는 소위 "지휘"라는 애매모호한 용어를 사용하여 일반적인 사항에 관해서까지도 지휘라는 용어를 사용하고 있고 더군다나 수사상 입건된 것이 아니므로 군사법원법이 적용되는 것이 아닌 사항임에도 위와 같은 애매한 규정을 둠으로써 군사법경찰관에 대해 내사사건이나 진정사건의 범위에 관해서까지도 지휘를 하는 것과 같은 규정은 반드시 수정되어야 할 것이다. 즉, 위 5호의 규정 중 "지휘사항을 명시하여"라는 내용은 삭제되거나 "협조사항을 작성하여"로 바뀌어야 할 것이다.

---

88) 군사법원법 〈수사〉 ⅰ영장청구 ⅱ변사자 검시 ⅲ 재판집행 참조.

III. 결론

어떠한 기관이든 권력을 독점하고 있으면 부패할 수밖에 없다. 이러한 현상은 굳이 과거의 역사에서 찾을 필요도 없이 현재의 모습을 보아도 알 수 있는 것이다. 그리고 군이 수사기관 등에 한정하여 언급하자면 현재 대폭 개혁중인 사법개혁의 내용 중 수사권 조정에 관한 사항을 들 수 있다. 이미 대세적인 흐름은 상호견제에 초점이 맞추어져 흘러가고 있다.

또한 이러한 견제가 선행되어야 공정한 수사가 행해질 수 있다. 군수사기관의 경우도 마찬가지이다. 현재 군검찰기관은 수사권, 기소권을 모두 독식하고 있다. 더구나 외부 사법기관과 달리, 군사법원법에 관한 사항까지도 법무병과라는 하나의 조직 아래, 관할하고 있다. 그야말로 무소불위의 권력기관이라고 할 수 있다. 이러한 현실에서 군사법경찰관에 대한 일반적인 수사지휘권까지도 확보하고자 하는 모습은 절대 용납될 수 없다.

이는 조직의 이익을 떠나서 군 조직을 부패하게 하는 지름길이자, 국가의 안보를 위협할 수 있는 위험천만한 도박이라고 할 것이다. 견제되지 않는 권력은 누구를 위해서도 존재할 필요가 없다. 이를 위해 위에서 언급한 매우 일부분에 불과한 사항들부터라도 개정되어야 할 것이다. 필요하다면 새로운 법을 제정해서라도 군검찰기관, 군사법원, 군사법경찰기관은 상호 분리된 조직으로 편성하고 어느 기관에서도 독식할 수 없도록 견제장치를 구축해야 할 것이다.

22

군수사절차의 현실 『군검찰 수사의 문제점』

I. 서론

2011년 5월 3일 주간조선에 실린 일련의 기사내용은 군사법에 관한 여러 가지 시사점을 알려주고 있다. 한 때, 그토록 군사법 개혁을 부르짖으며 인권보호를 외치고 수사 및 재판상 군인권보호 차원에서 관할관 제도를 폐지하고 군수사기관인 헌병과 기무에 대한 수사지휘권을 이양받고자 주장했던 군검찰(법무)의 수사방식의 현 주소를 적나라하게 보여주었다는 점에서 그 의미는 더욱 크다고 하겠다. 물론 이 사건 이외에도 드러나지 않은 수많은 사건과 그와 관련된 피해자들이 있겠지만, 본 글에서는 최근의 사건을 중심으로 현재 공식적으로 확인된 사건을 기초로 군검찰의 수사절차의 문제점을 지적하고자 한다.

II. 사 건 개 요[89)]

사건의 내용은 다음과 같다. 『육군 통신분야 실무 담당관 A상사는 업체로부터 뇌물을 수수했다는 혐의로 2010. 5. 긴급 체포된다. 수사를 담당했던 육군 법무실은 A상사를 긴급체포한지 이틀 만에 전격구속하고 업체로부터 받은 돈의 용도에 대해 강도 높은 수사를 벌였다. 당시 사건수사의 초점은 실제 A상사가 아니라 A상사와 함께 업무를 담당했던 B준장이었다. 기획수사 형식으로 진행된 당시 수사과정에서 B준장에 대한 혐의를 밝히기 위해 A상사를 먼저 확보하고 이에 대한 수사를 진행해나갔던 것이다. 그러나 이 사건 피의자였던 A상사가 2010. 11. 구속 상태에서 B준장에게 보낸 편지내용이 밝혀지면서 여러 가지 문제가 드러나게 된다. 편지의 내용은 "군검찰의 협박과 강압에 못 이겨 거짓 증언을 했다."는 내용이었다. 이후, 2번째와 3번째 편지에서도 A상사는 군검찰 수사과정에서 "B준장에게 뇌물을 제공했다는 사실을 진술하면 풀어주겠다.", "사과상자 안에 현금 200만원을 넣어 명절 때 B준장에게 전달하였고 이 사실을 당신 부인이 보았다고 진술하도록 부인에게 말하라."는 강

---

89) 2011. 5. 3. 주간조선[김경민 기자],〈군검찰 수사〉편 참조.

128 군사법의 이해

압을 받았고 이 과정에서 밤샘야간조사, 욕설, 폭행 등이 난무하였음을 기록하였다. 이 뿐만이 아니다. 2009년 말 CCTV도입 사업에서 "육군 해·강안 경계작전 지휘통신체계" 프로젝트 추진과정에서 정확한 혐의가 없음에도 기획수사란 명목아래, 관련자들의 계좌내역을 조회하는 등 명백한 영장 발부 사유가 되지 않음에도 같은 법무병과 식구라는 점을 이용하여 계좌추적 조회를 남용하기도 하였다. 더구나 A상사를 기소한 후에는 공판주의 원칙상 소송 당사자로서 공판정에서 증거와 증인으로만 재판절차를 진행해야함에도 불구하고 몇 번씩이나 반복수사를 하였던 점 등은 법과 절차를 강조해온 군검찰의 구호를 무색하게 만들기에 충분하였다. 마지막으로 민간기업에 대한 압수수색을 집행하면서 군사법원법상 수사관할 대상이 되지 않음에도 효력 없는 영장발부를 실시하고 심지어 발부한 영장을 복사하여 여러 번에 걸쳐 사용한 점은 군검찰이 지금까지 외쳐온 공정한 수사, 인권수사의 모습인지 참으로 의문이 아닐 수 없다.

III. 사 안 분 석

그렇다면 군검찰의 이러한 수사과정은 무엇이 문제인가?

위 사건과정을 중심으로 차례로 살펴보도록 한다.

가. 강요죄 및 직권남용죄 여부[90]

형법에서는 폭행이나 협박으로 의무 없는 일을 하게 한 경우에 가해자에게 5년 이하의 징역을 부과한다. 더군다나 그러한 행위를 한 자가 공무원인 경우는 직권남용죄로 의율하여 처단하고 있다. 본 사건의 내용상 군검찰 수사 담당관은 A상사에 대해 협박과 폭행을 수단으로 하여 의무 없는 진술을 강요하고 부인을 강제로 설득시키도록 지시하고 있다. 즉 이러한 행위는 명백히 직권남용죄에 해당한다고 할 것이다.

---

90) 형법 제324조(강요) 폭행 또는 협박으로 사람의 권리행사를 방해하거나 의무 없는 일을 하게 한 자는 5년 이하의 징역에 처한다.
  형법 제123조(직권남용) 공무원이 직권을 남용하여 사람으로 하여금 사람의 권리행사를 방해하거나 의무 없는 일을 하게 한 때는 5년 이하의 징역, 10년 이하의 자격정지 또는 1천만 원 이하의 벌금에 처한다.

나. 불법체포 및 불법감금죄 여부[91]

　　형법에서는 사법기관으로서 직무를 행하는 자 또는 이를 보조하는 자가 그 직권을 남용하여 사람을 체포하거나 감금한 경우에 처벌하도록 규정하고 있다. 본 사건에서 A상사를 상대로 하여 군검찰은 긴급체포만 3회 이상 실시 하였다. 군사법원법 제232조의 4에서는[92] 제3항에 "구속영장을 청구하지 아니하거나 발부받지 못하였을 경우에 피의자를 즉시 석방하고 이러한 이유로 석방된 사람은 영장 없이 같은 범죄사실로 체포하지 못한다."라고 규정하고 있다. 즉, 같은 범죄사실로 A상사에 대한 긴급체포를 반복해서 할 수 없음에도 3번에 걸쳐서 긴급체포를 하였던 점에 관해서 당시 군검찰 수사 담당관은 불법체포 및 불법감금죄를 면할 수 없다고 할 것이다.

---

91) 형법 제124조(불법체포, 불법감금) ①재판, 검찰, 경찰 기타 인신구속에 관한 직무를 행하는 자 또는 이를 보조하는 자가 그 직권을 남용하여 사람을 체포 또는 감금한 때에는 7년 이하의 징역과 10년 이하의 자격정지에 처한다.

92) 군사법원법 제232조의 4(긴급체포와 영장청구기간) ②제1항에 따라 구속영장을 청구하지 아니하거나 발부받지 못하였을 때에는 피의자를 즉시 석방하여야 한다. ③제2항에 따라 석방된 사람은 영장 없이 같은 범죄사실로 체포하지 못한다.

다. 불법압수 및 수색 여부⁹³⁾

군사법원법에서는 압수, 수색여부에 관하여 반드시 영장을 발부받도록 하고 있고, 이러한 영장은 원본에 한해서만 효력이 있음을 규정하고 있다. 그러나 당시 군검찰 수사 담당관의 경우 복사영장을 몇 회에 걸쳐서 사용하였으며, 이는 효력 없는 영장을 이용하여 불법적으로 압수, 수색을 단행한 것이라고 할 것이다.

라. 공문서 위조⁹⁴⁾ 및 부정행사죄 여부⁹⁵⁾

형법에는 공문서를 권한 없는 자가 부정하게 행사한 경우에는 공문서 부정행사죄를 처벌하고 있다. 이때의 공문서

---

93) 군사법원법 제154조(영장의 방식) ① 압수·수색영장에는 피고인의 성명, 죄명, 압수할 물건, 수색할 장소·신체·물건, 발부 연월일 및 유효기간과 그 기간이 지나면 집행을 시작하지 못하며 영장을 반환하여야 한다는 취지를 적고 재판장이나 군판사가 서명 날인하여야 한다.

94) 형법 제225조(공문서등의 위조·변조) 행사할 목적으로 공무원 또는 공무소의 문서 또는 도화를 위조 또는 변조한 자는 10년 이하의 징역에 처한다.

95) 군사법원법 제229조(위조등 공문서의 행사) 제225조 내지 제228조의 죄에 의하여 만들어진 문서, 도화, 전자기록 등 특수매체기록, 공정증서원본, 면허증, 허가증, 등록증 또는 여권을 행사한 자는 그 각 죄에 정한 형에 처한다.

는 복사문서에 준용한다. 그렇다면 본 사건에서 군검찰 수사 담당관이 여러 장의 영장을 복사해서 소지하고 이를 이용해 압수수색을 단행한 것은 공문서인 영장을 권한 없이 복사하여 마치 진정한 권한을 갖춘 원본 영장인 것처럼 새로 작성하였다고 할 것이므로 이는 곧 위조라고 할 수 있을 것이고, 또한 이러한 위조된 공문서를 부정하게 행사하였으므로 공문서 부정행사죄에 해당한다고 할 것이다.

마. 민간인 대상 압수수색 가능 여부

군사법원법의 적용대상이 되는 범위는 군사법원법 제2조[96] 및 제3조[97]에 해당하는 자에 한한다. 그러나 위 사건의 경우 해당 민간인들은 위 범위에 해당하지 아니함이 명백하다. 그럼에도 불구하고 압수수색영장을 발부한 점, 이를 이용해 압수수색을 집행한 점은 기본적인 수사절차 조차

---

[96] 군사법원법 제2조(신분적 재판권) ① 군사법원은 다음 각 호의 어느 하나에 해당하는 사람이 범한 죄에 대하여 재판권을 가진다. 1. 「군형법」 제1조제1항부터 제4항까지에 규정된 사람 2. 국군부대가 관리하고 있는 포로 ② 군사법원은 제1항제1호에 해당하는 사람이 그 신분취득 전에 범한 죄에 대하여 재판권을 가진다.

[97] 군사법원법 제3조(그 밖의 재판권) ① 군사법원은 「계엄법」에 따른 재판권을 가진다. ② 군사법원은 「군사기밀보호법」 제13조의 죄와 그 미수범에 대하여 재판권을 가진다.

도 준수하지 아니한 행위라고 할 것이다. 마땅히 경찰 및 검찰에 이첩하여 공조수사를 통해 압수수색을 함이 타당하다고 사료된다.

바. 위법수집 증거의 증거로서의 능력[98]

군사법원법에서는 적법한 절차에 따르지 아니하고 수집한 증거에 대해서는 증거능력을 인정하지 아니한다. 또한 강제에 의한 자백의 경우[99]에도 증거능력을 부정하고 있다. 즉, 불법적으로 수집한 증거는 공판정에 제출조차 할 수 없는 것이다. 그럼에도 불구하고 불법체포 및 감금, 직권남용 등 위법한 압수수색 등에 의하여 수집한 자백과 증거로 제출하고자 하는 군검찰 수사의 모습은 증거위주 수사를 강조해온 외침을 무색하게 하고 있다.

---

98) 군사법원법 제359조의2(위법수집 증거의 배제) 적법한 절차에 따르지 아니하고 수집한 증거는 증거로 할 수 없다.
99) 군사법원법 제361조(강제 등 자백의 증거능력) 피고인의 자백이 고문, 폭행, 협박, 구속의 부당한 장기화 또는 속임수, 그 밖의 방법에 따라 임의로 진술한 것이 아니라고 의심할 만한 이유가 있을 때에는 유죄의 증거로 하지 못한다.

Ⅲ. 결론

지금까지 군검찰 수사의 문제점에 대해 살펴보았다. 인권수사를 부르짖고 군사법개혁을 외쳐온 군검찰의 모습이 왜 실제로는 반대의 수사관행을 보여주고 있을까? 그것은 바로 견제하는 기관이 없어서라고 할 수 있다. 어떠한 기관이든 항상 정상적으로 운영될 수는 없다. 따라서 이러한 기관들을 정상적으로 유지시키도록 하기 위해서는 기관 간 상호 견제가 가능토록 하는 것이 정설이다. 국가의 권력이 입법부, 행정부, 사법부로 3권 분립화 되어 있는 이유도 이러한 맥락에서이다. 군에서는 군검찰, 헌병, 기무 등의 사정기관이 상호균형을 이루어야 한다. 어느 특정기관에 권력이 집중되면 그 기관은 부패할 수밖에 없고 이는 곧 조직전체를 무너지게 하는 원인이 된다. 지금의 군사법체계는 균형을 이루어나가는 과정에 있다. 위의 3기관간 적절한 권력균형이 평형을 잃지 않도록 우리 모두가 노력해야 할 것이다.

【 참 고 문 헌 】

헌법재판소 - 2004. 2. 26. 2001헌마718

서울행정법원 행정3부 - 2010. 4. 23. 2009구합14781

대법원 - 1992. 11. 24. 92누8767

대법원 - 2003. 6. 27. 2003도1331

경범죄처벌법에 관한 연구, 이건호, 형사정책연구원, 1996. 12.

교통범죄의 비범죄화와 그 방안으로서의 통고처분제도, 원혜욱, 형사정책연구원, 2002.

군수사절차의 주요쟁점, 강은애, 마이디팟, 2011. 1.

우리 현행 경범죄처벌법의 성립과정에 관한 연구, 김성수, 경찰학연구 제4집, 2009.

통고처분에 관한 연구 :도로교통법상의 범칙금제도를 중심으로, 김 찬, 인하대학교, 2001.

現行 犯則金制度의 改善方案에 관한 檢討, 장교식, 법조 제51권 제12호 통권 제555호, 2002. 12.

간추린 신형사소송법(2판), 신동운, 2009. 2. 5. 법문사.

판례분석 신형사소송법, 신동운, 2007. 7. 16. 법문사.

재판의 이해, 강인철 부장판사, 2010. 6. 28. 유로.

군수사절차의 주요쟁점, 강은애, 2011. 2. 22. 마이디팟.

법학개념노트, 강창규·박준석, 2009. 2. 20. 고시계사.